Pluralistisk ekonomi för ett humanistiskt samhälle

Ulf Johanson och Emmanuel Aboagye

Att söka kunskap (ur Hávamál)
Den vaksamme gästen
som kommer till gillet
tiger med tysta sinnen;
öronen lyssnar
ögonen spanar
så ökar den kloke sin kunskap

Dikten finns i Hávamál, som är en samling av vikingars visdomsord. Moralen i Hávamál baseras på att den enskilde människan inte är ensam i världen utan är knuten till naturen och samhället genom osynliga band. Övergrepp mot naturen får allvarliga konsekvenser för mänskligheten.

För drygt trehundra år, d.v.s. i kriget mellan Sverige och Österrike 1642, sattes pris på tagna fångar enligt nedanstående prislista. Priserna som var uttryckta i taler var överenskomna mellan de stridande parterna (Frey och Buhofer 1986). Tanken var att kunna sälja tillbaka de tagna fångarna. Som framgår ansågs en fältmarsalk vara betydligt mer värdefull än en menig soldat.

Field marshal	20000
Colonel	1000
Cavalry captain	200
Infantry captain	150
Non-commissioned officer	16
Private	8

Eftersom rättigheten att handla med en fånge tillkom den tillfångatagande gällde det för den senare att snabbt fatta ett beslut om motståndarens liv skulle sparas eller ej. I kalkylen måste också hänsyn tas till kostnaden för att hålla fången vid liv till dess en försäljning kunde ske. Kalkyleringen och därmed beslutsfattandet underlättades av de förväntade intäkterna enligt prislistan. Handeln med fångar avvecklades så småningom genom att staten hävdade sin rätt att besluta över fångarnas öde. Därmed upphörde incitamentet för en enskild soldat att ta fångar. Antalet döda och skadade i krig ökade dramatiskt enligt Frey and Buhofer (1986).

Handeln med fångar visar hur lönsamhetsöverväganden tydligt påverkade hälsoriskerna i arbetet. Ekonomiska tankar och värderingar av arbetskraften är också framträdande hos många historiskt framträdande filosofer och ekonomer t.ex. Adam Smith, John Stuart Mill och Karl Marx. Van Thunen menade att ett undvikande av att se människor som kapital kunde vara särskilt problematiskt i krig eftersom man då under ett slag kunde offra hundra man för att spara en kanon. Skälet till detta var att en kanon kostar för det allmänna medan människor kan fås gratis (Schultz 1961). Den ekonomiska kalkyleringen kunde också leda i en helt annan riktning.

Det nu förda resonemanget förmedlar en viktig del av bokens budskap, nämligen synen på personalens värde på arbetsplatsen. Vi ska problematisera frågan och också lyfta fram tankar om vad som kan vara viktigt för att befrämja förändring eller snarare förbättring av arbetsmiljön på organisationsnivå avseende såväl privata som offentliga verksamheter. Det vi diskuterar i texten har en bredare giltighet än bara arbetsmiljö, men för att begränsa textens omfattning väljer vi att diskutera ett pluralistiskt ekonomiskt synsätt på arbetsmiljöstyrning. Men observera detta är primärt inte en bok om arbetsmiljöfrågor utan en bok om behovet av att utveckla den dominerade synen på ekonomi. Klimatförändringarna liksom andra ekologiska och sociala (t.ex. arbetsmiljöstyrning) hållbarhetsfrågor tydliggör behovet av ett mer mångfaldigt perspektiv på ekonomibegreppet.

Arbetsmiljön och därmed hälsan på arbetsplatsen kan förbättras i de flesta organisationer. Sådana förbättringar är inte bara viktiga för den anställde utan även för samhället. Att det dessutom ofta ofta en god långsiktig lönsamhetspotential är en bonus om det inte sker på bekostnad av något annat. Vissa förändringar kan göras tämligen enkelt medan andra är komplexa. Om varaktiga lösningar avseende komplexa problem ska kunna uppnås behöver arbetsmiljöarbetet balanseras ur många olika perspektiv. Det handlar inte bara om fysiska eller psykosociala interventioner för att rehabilitera eller undvika risker på arbetsplatsen. För att uppnå långsiktiga lösningar behöver även organisation, ledning, affärsmodeller, strategier och intern styrning av verksamheten stå i samklang med arbetsmiljöarbetet. Om arbetsmiljöarbetet bedrivs som en sidovagn till verksamheten i övrigt är det stor risk att arbetsmiljöutvecklingen inte befrämjas (Frick och Johanson, 2013). Därför menar vi att styrningen av arbetsmiljöarbetet behöver integreras betydligt bättre med övrig ledning och styrning än vad som idag är fallet. Även samhälleliga normförändringar liksom etiska perspektiv behöver beaktas.

Arbetsmiljölitteraturen har under de senaste tjugo till trettio åren kommit att innehålla många studier om arbetsmiljöfrågornas betydelse för hållbar lönsamhet. Integrering med ledning, normer, motivation, organisatoriska vanor och rutiner behandlas däremot mycket sällan, vilket är bekymmersamt. Vi vill bidra till att minska detta kunskapsgap. I den följande texten använder vi oss av kunskap och erfarenheter från många olika teoretiska områden, t.ex. organisations- och styrningsforskning liksom etik- och värdefrågor.

Tänkta målgrupper för boken är studenter men också yrkesverksamma som är intresserade av ekonomi eller arbetsmiljö och arbetsplatshälsa oavsett om studierna eller verksamheten ligger inom ekonomi, sociologi, teknik, arbetslivsvetenskap, arbetsplatshälsa, biståndsarbete, jämlikhet, mänskliga rättigheter etc.

Ekonomiska beräkningar är inte neutrala eller objektiva. De kan göras av många skäl, t.ex. kan det vara svårt att inför ett investeringsbeslut förstå ekonomiska konsekvenser av olika handlingsalternativ. Men det kan också vara så att upphovspersonen bakom en ekonomisk beräkning vill genomföra den åtgärd som beräkningen avser. Det kan då vara frestande att undvika att ta med vissa kalkylinslag. För att tydliggöra att ekonomi inte är värderingsfritt vore det ärligare att lägga till ett epitet framför ordet ekonomi, exempelvis politisk ekonomi eller som vi väljer att kalla det, pluralistisk ekonomi.

I texten som följer kommer vi också att diskutera ekonomi och dess knytning till normer och samhälle. Ekonomiska system av olika slag har under flera århundraden varit mer och mer inflytelserikt. Expansionen har varit knuten till den tekniska utvecklingen menar professor emeritus i idé- och lärdomshistoria Sven-Eric Liedman (Liedman, 1997). Naturvetenskaplig utveckling påverkar ekonomi och vise versa dvs ekonomiska resurser möjliggör teknisk utveckling. Men varför använder vi begreppet pluralistisk ekonomi? Svaret är att ekonomi handlar också i högsta grad om samhällens liksom människors utveckling och överlevnad. Liksom rötterna har en avgörande betydelse för trädens överlevnad (Vohlleben, 2016) är grundläggande normer och moral det fundament varur samhällen är sprungna och utvecklas. Liksom träden lagrar koldioxid om de inte förbränns behöver moral och många andra former av normer värnas och bäddas in för att bli självklara, icke antastbara samhällsfundament.

Äldre träd är mer produktiva än yngre (Vohlleben, 2016). Det nutida västerländska samhället präglas i hög grad av en våg av ungdomlighet. Det märks i sociala medier, i skönhetsbranschen och i den haltande åldringsvården. Frågan är hur äldre människors erfarenheter och moraliska samlevnadsnormer kan omhändertas som en del av den pluralistiska ekonomin. Med detta sagt bör också påpekas att det ungdomliga, såväl träd som människor och samhällen, måste ges möjlighet att växa. I en tät skog undviker "kloka" träd att utveckla kraftiga grenar eftersom detta innebär att trädets näring inte är tillräcklig för att försörja alltför många grenar på låg höjd med begränsad tillgång till ljus. Den lättsinniga karaktären riskerar att leda till död. Vi behöver en inkluderande ekonomi som förbättrar villkoren för människor och därmed välbefinnandet och hälsan. Det som händer på arbetsplatsen, dvs arbetsmiljön är en viktig faktor inom ramen för en inkluderande ekonomi. I boken argumenterar vi för att den förhärskande neo-klassiska synen på ekonomi bör kompletteras med andra perspektiv.

Neoklassisk ekonomi utgår från att tillväxt har stor betydelse som drivkraft för ökning av välstånd och därmed även för förlängning av människans förväntade livslängd (Brand-Correa et al, 2022). Detta kausala samband är emellertid oklart och under alla omständigheter svagare i länder med höga inkomstnivåer jämfört med de länder som har låga inkomstnivåer (Lange och Vollmer, 2017). Den neoklassiska ekonomin har också kritiserats för att den genom att vara alltför konsumtionsinriktad försämrar den ekologiska hållbarheten (Brand-Correa och Steinberger, 2017) och därmed även människans arbetslivsvillkor. En tredje kritik handlar om problem förknippade med en fri marknad, d.v.s. de problem som Adam Smith menar åtgärdas genom att den fria marknaden är självreglerande. Detta kallar Smith för den osynliga handen. Marknadsmisslyckanden som uppstår kan åtgärdas, menar neoklassiska ekonomer. Detta anser emellertid inte Brand-Correa och Steinberger eftersom marknadsmisslyckanden blir allvarligare och därmed mer svårkorrigerade i takt med att ekonomin växer. Eftersom det neoklassiska paradigmet inte fungerar i den komplexa värld vi nu lever i behövs andra ekonomiska ideologier och för allas vår hälsa, mänskliga rättigheter och för att rädda planeten. Som alternativ till den neoklassiska ekonomin förslår Brand-Correa et al (2022) ett antal varianter med relevans för människors hälsa, bl.a.:

- Ekologisk ekonomi, som ser ekonomi som ett till samhället och jorden underordnat system. Den neoklassiska ekonomin har bidragit till skadliga aktiviteter som inte tar hänsyn till ekologiska hållbarhetsproblem. Att ta hänsyn till vår planets begränsningar är också relevant när det gäller hälsofrågor.
- Institutionell ekonomi, som menar att institutioner i form av formella och icke formella regler, snarare än fria marknader, är viktiga för beslutsfattande. Lagar, policys och kultur liksom vissa ekonomiska institutioner är i ökande grad viktiga för hälsofrågor.
- Komplex ekonomi, som ser ekonomi som ett komplext system som interagerar med andra komplexa system, exempelvis befolkningshälsa och samhället.
- Evolutionär ekonomi, som strävar efter att förstå varför och hur ekonomiska system förändras genom vanor, rutiner och innovation över tid. Ekonomi utgörs inte av ett statiskt system utan förändras dynamiskt. Detta rimmar också med utvecklingen av hälsofrågor.

- Beteendeekonomi, som kritiserar det orealistiska antagandet om att människan alltid är kalkylerande och rationell i sina val (economic man) och bortser från psykologiska och sociala processer liksom normer och värderingar.
- Marxistisk politisk ekonomi, som kritiserar asymmetrier, ojämlikheter och maktolikheter till skada för människors hälsa.
- Feministisk ekonomi, som kritiserar den förhärskande synen på ekonomi och därmed den ojämlikhet som påverkar människors hälsa, välbefinnande och privata ekonomi.

Vår uppfattning är att flera olika synsätt avseende ekonomi behöver beaktas när de gäller hållbarhetsfrågor, såväl när det gäller ekologisk och social som ekonomisk hållbarhet. Vi väljer begreppet pluralistisk ekonomi. Detta begrepp ger utrymme för vidare perspektiv på ekonomi såväl när det gäller teorier som metoder. Vårt liksom andras syfte med begreppet är främja kritiska och öppna åsikter från olika aktörer när det gäller det ekonomiska språket och ekonomiska tillämpningar.

Kalkyler av olika slag liksom ekonomistyrning behövs men det finns mycket som inte kan fångas med ett traditionellt neo-klassiskt perspektiv. Vi menar att en pluralistisk ekonomisk redovisning och kalkylering liksom en pluralistisk organisationsstyrning innebär en radikal förändring av den neoklassiska och idag förhärskande doktrinen om konsumtion och ägande, som ekonomi bygger på. Med radikal förändring menar vi en väl genomtänkt förändring. Vi kommer att utveckla detta i de olika kapitlen. Det är också så att människors och organisationers agerande sker inom kulturella ramar och strukturer som påverkas av rådande kunskap, normer, politiska system men också av en uppfattning om framtiden. Detta behöver vi också ta hänsyn till och diskutera inom en pluralistisk ekonomi.

Många av de gamla klassiska ekonomerna, t.ex. fysiokraterna, Smith, Marx, Keynes, Myrdal m.fl, hade idéer och visioner om samhälls- och livsfrågor. Dessa pluralistiska tankar decimerades under 1900-talet, men på senare tid har pluralismen åter tilltagit. Behov av nya sätt att beskriva och förstå samhällens nutid och framtid har aktualiserats genom accelererande klimatproblem och andra hållbarhetsproblem av ekologisk, social och ekonomisk karaktär. Det komplexa samspelet mellan de tre hållbarhetsområdena behöver illustreras på nya sätt för att kunna leda till reflektion och handling.

Det första kapitlet inleds med en reflektion över ekonomibegreppet. Detta följs av en redogörelse för internationella överenskommelser om social hållbarhet vilket inbegriper arbetsmiljöfrågor. Båda avsnitten är kortfattade. De ska ses som en grund till det som följer i de senare kapitlen.

I de följande två kapitlen skriver vi om studier avseende ekonomiska effekter av arbetsmiljörelaterade frågor och metoder för kalkylering. Kapitel 2 inleds med studier avseende kostnader, som kan uppstå vid brister i arbetsmiljön. Därefter redogör vi för lönsamhets- och produktivitetseffekter av arbetsmiljöinvesteringar. Arbetsmiljöfrågor står inte i centrum för bokens syfte och uppläggning, men vi använder ibland arbetsmiljöfrågor som exemplifiering. Kapitlet avslutas med ett avsnitt om studier inom hälsoekonomi. I kapitel 3 behandlar vi styrkor och svagheter med kalkyleringsmetoder avseende kostnader, lönsamhet och hälsoekonomi. Ekonomi inte är ett värdeneutralt begrepp. Detta återkommer vi till på flera ställen. I kapitel 3 diskuterar vi också rationellt beslutsfattande och antagandet om "economic man", d.v.s. att människor i en beslutssituation har tillgång till fullständig information om alla olika handlingsalternativ och väljer det som är mest rationellt i förhållande till sina ekonomiska mål.

Bokens syftar inte till att förkasta gamla beprövade tekniker avseende kalkylering och redovisning utan om att öppna upp för ett vidgat perspektiv avseende förståelse av olika ekonomiska förhållanden, metoder och konsekvenser, d.v.s. öppna för ett pluralistiskt perspektiv. Det kritiska förhållningssättet och den därmed sammanhängande öppenheten är nära förknippad med den öppenhet som är nödvändig i en demokrati. Det pluralistiska perspektivet är för vår del också nära förbundet med ett humanistiskt ideal, d.v.s. ett ideal som betonar mänsklig frihet, jämlikhet och värdighet.

Organisationsstyrning är temat för kapitlen 4 och5. Vi redogör för den ekonomiska redovisningens historiska utveckling. Detta har betydelse för att närmare förstå ekonomi- och organisationsstyrningens möjligheter och tillkortakommanden. Vi berör också begreppet affärsmodeller och kopplar det till styrningsfrågorna. I kapitel 5 förstärker vi det kritiskt diskuterande perspektivet. Vi föreslår och diskuterar ett ramverk som innefattar faktorer och processer som vi menar är viktiga att beakta i en klok organisations- eller arbetsmiljöstyrning. Ramverkets innehåll liksom den diskuterande texten lyfter fram behovet av ett pluralistiskt perspektiv på styrning.

Innehållet i de nästföljande kapitlen handlar om det sammanhang vari det ekonomiska tänkandet, kalkylerandet och handlandet existerar. Innehållet i dessa kapitel pekar på olika områden som vi menar bör beaktas i relation till ekonomi. Hur kan ekonomi påverka och påverkas av enskilda människor, grupper och samhällen? Kapiteltexterna ger inte konkreta tips över vad som bör beaktas. Det är inte önskvärt eftersom pluralismen inte har några gränser utan är kontextuellt beroende. I kapitel 6 adresseras tre mycket centrala områden med höggradig relevans för ett pluralistiskt perspektiv, nämligen etiska principer, värde och språkhandlingar.

Kritiker av den neoklassiska synen på ekonomi menar att ekonomi är starkt knutet till värderingsfrågor. Men vad är värde? Vi diskuterar frågan, som också leder oss till att kortfattat beröra frågan om vad pengar är. Ekonomi kan inte särskiljas från sin samhälleliga kontext. Därför fortsätter vi diskussionen kring det pluralistiska perspektivet med att i kapitel 7 redogöra för Jenagruppens filosofi. Grovt förenklat menade dessa filosofer att förståelse av sig själv är nödvändigt för förståelse av världen, naturen och andra människor. Detta avsnitt är avsett som en bakgrund till de följande avsnitten som bla berör värderingars och samhällsnormers påverkan på det mänskliga handlandet och därmed den pluralistiska ekonomin. Även demokratibegreppet behandlas kortfattat. Kapitel 7 avslutas med ett historiskt exempel från en norrländsk industri som kan användas för tolkning av t.ex. moral, normer, samt värde och demokrati.

I bokens sista kapitel sammanfattar vi bokens viktigaste och tidigare presenterade tankar och frågeställningar. Vi sammanfattar också vårt budskap dvs ett försök att problematisera det komplexa samspelet mellan ekonomi, i betydelsen hushållning, och individers och/eller gruppers agerande med avseende på en humanistiskt baserad styrning, t.ex. arbetsmiljöstyrning.

Dalai Lamas ord om etik för ett nytt millenium kan tjäna som vägledning till vad denna bok handlar om. Han skriver; "Vad ekonomi beträffar gäller samma beaktanden som för alla övriga mänskliga aktiviteter" (Dalai Lama, 2000). Vi hoppas att boken kan bidra till en högre grad av agilitet, dvs en lätthet att flytta uppmärksamheten, att vara i ögonblicket och att därmed lösgöra sig från etablerade föreställningar (Asplund, 1970).

Innehåll

1. Arbetsmiljö, ekonomi och internationella överenskommelser om social hållbarhet

1.1 Vad är ekonomi?

Vid ett hundratal tillfällen i samband med kurser i ekonomi för några år sedan ombads kursdeltagare att skriva ner sin omedelbara association till ordet ekonomi. Det vanligaste svaret var 'pengar'. Därnäst kom 'för lite' följt av 'siffror'. Ytterligare associationer som nämndes var 'spara, hushållning, kontoplanen, budget, tråkigt, resurser och planering'. Pengar, för lite och siffror var alltså de yrkesverksamma chefernas spontana association till ordet ekonomi. Men är det rimligt att begränsa ekonomi till att bara handla om pengar eller tekniker för att hålla ordning och reda i organisationen med hjälp av budgets, kontoplan, kalkyler eller andra verktyg?

Ordet ekonomi kan härledas ur det grekiska ordet oikonom'os (hushållare, förvaltare) och är en sammansättning av orden o'ikos (hus) och nem'ein (tilldela, fördela). Med en sådan betydelse handlar ekonomi inte nödvändigtvis om pengar utan snarare om hushållning. Det senare implicerar att det finns resurser av olika slag som är begränsade och om de är begränsade är det väsentligt att de lämnas i fred eller nyttjas på ett hållbart sätt som är förenligt med samhällets eller organisationens syften. Det är verkligen inte bara pengar som är en begränsad resurs. Rent vatten, ren luft, tid, mänsklig ork är också begränsade resurser. I storstäder är mark en starkt begränsad resurs men så är inte fallet på den sibiriska tundran. Att resursen blir begränsad kan hänga ihop med många olika faktorer. En plats i rulltrappan kan vara en ytterst begränsad resurs i rusningstid i Stockholms tunnelbana. Kondition är en begränsad resurs vid ett långdistanslopp men för de flesta inte för den korta sträckan mellan TV:n och sängen. Begränsningen innebär också att resurserna kan fördelas på olika sätt. Detta kräver ofta kunskap men är också uttryck för värderingar och makt. Det betyder också att ekonomi i mycket hög grad handlar inte bara om organisationers beteende utan även om individers och gruppers beteende, d.v.s. om psykologi och sociologi. Hushållning ska däremot inte förväxlas med snålhet, ty som ordspråket säger `förväxla inte snålhet med vishet´.

I de avsnitt som följer kommer vi att behandla kalkylering av arbetskraftsinsatser, d.v.s. ekonomiska konsekvenser av människors arbete och därmed även människans värde som en produktionsresurs. Detta får också moraliska konsekvenser, som vi kommer att diskutera i ett senare kapitel.

Ekonomiska kalkyler har iordningställts under många århundraden. Romaren Cato t.ex., gjorde noggranna kalkyler avseende såväl sina slavars arbetskapacitet som priset på den säljbara avkomman (Guillet de Monthoux, 1983). Adam Smith, som levde på 1700-talet, menade att likaväl som en maskininvestering kan vara föremål för kalkylering kan även utbildning av arbetarna vara det. "Om en människa utbildas med stor utgift och tid till ett arbete som kräver utomordentlig händighet och skicklighet kan hon liknas vid en av dessa dyrbara maskiner" (Ibid, sid 63). Ett problem jämfört med en maskininvestering är dock att den återstående livslängden för människan kan vara mer osäker än för maskinen menar Smith. Hursomhelst, behöver det överskott som uppstår som resultat av utbildningsinvesteringen överstiga utbildningsinvesteringens storlek. Karl Marx för ett liknande resonemang men tillägger att överskottet inte tillfaller arbetaren utan kapitalägaren. I den amerikanska södern betraktades slavarna som en ekonomisk tillgång som i fallet med Andrew Brown Company också kunde redovisas i balansräkningen på samma sätt som vagnar och mulor. I resultaträkningen särredovisades kostnaderna för slavarnas mat, husrum, kläder och sjukvård.

Många ekonomer, t.ex. John Stuart Mill, hävdar att människan inte ska betraktas som en tillgång. Det reducerar henne till en materiell komponent som kan ägas precis som maskiner. Marshall invänder att jovisst kan man se människan som en tillgång men bara ur en abstrakt men inte praktisk synvinkel. D.v.s. åsikterna går inte bara isär utan föranleder också en diskussion om etiska principer, vilket sker i ett senare kapitel.

Att perspektiven på vad som är ekonomi är så olika återspeglas också i de många olika prefixen till ordet ekonomi. Möjligen kan de varierande perspektiven samlas under benämningen "Heterodox Economics (se t.ex. The Routledge Handbook of Heterodox Economics). Men inom Heterodox Economics samlas alla möjliga varianter som t.ex. institutional economics, evolutionary economics, complexity economics, feminist economics, sustainability economics, ecological economics, political economics, behavioral economics, social economics, humanistic economics m.fl. Även begreppet pluralistisk ekonomi förekommer. Detta begrepp har vi valt att använda. Vårt val av begreppet är ett uttryck för en humanistisk ekonomi (Lutz, 1999; Komlos, 2019) i den meningen att det är det komplexa samspelet mellan ekonomi, i betydelsen hushållning, och individens och/eller gruppens agerande som står i centrum.

Humanistisk ekonomi och dess verktyg bygger på demokratiska ideal och syftar till att göra det möjligt för människor att leva sina liv med mindre osäkerhet, mindre stress, mindre bedrägeri, mindre konflikter och mindre rädsla för att deras liv kan gå överstyr vid ekonomisk nedgång. D.v.s den humanistiska ekonomin strävar efter att bistå människan i hennes existentiella varande, bryderier och vägval. Pluralistisk ekonomi kan, hoppas vi, bidra till att nyansera förståelsen av mycket i vårt varande, som vi tar för givet eller ses som axiomatiskt. T.ex. används ord som rationalitet, siffror och lärande ofta på ett axiomatiskt och oreflekterat sätt. Vi kommer att återkomma till detta på olika ställen i boken.

1.2 Internationella överenskommelser om social hållbarhet

Att arbeta är för de flesta människor en nödvändighet därför att genom arbetet kan människan försörja sig. För vissa människor är också arbetet en möjlighet till tillfredsställelse genom att någonting skapas. Arbete är också något som skapar människan som en social och oberoende varelse (Fromm, 1955). Kort sagt, arbete är på olika sätt en nödvändighet för människan. Detta betyder att alla förhållanden på en arbetsplats, såväl sociala och psykologiska som organisatoriska och fysiska förhållanden, d.v.s. arbetsmiljön är centrala för människan.

För några decenniers sedan fokuserades främst de fysiska arbetsmiljöförhållanden t.ex. när det gäller buller, kemikalieanvändning och tunga eller farliga hjälpmedel. Den förhärskande tanken vara att minska risker på arbetsplatsen. Numera inkluderas även sociala, psykologiska och organisatoriska förhållanden. Ett exempel på detta är Zwetsloot och Pot's artikel (2004) om väsentliga faktorer att beakta när det gäller arbetsmiljöstyrning. De menar att det är viktigt att arbetsmiljöfrågor ses som strategiskt viktiga för en organisation. Den fysiska arbetsmiljön ska vara säker och sund, och den sociala arbetsmiljön inspirerande. Författarna har formulerat sina synpunkter ur ett ledningsperspektiv. Andra intressenter som t.ex. anställda, fackliga organisationer eller samhällsinstitutioner skulle säkerligen formulera sig på ett annat sätt.

Arbetet med arbetsmiljöförbättringar har under de senaste decennierna breddats till att omfatta förebyggande och rehabiliterande insatser. Dessutom anser många numera att arbetsmiljöfrågorna ska kunna integreras med organisationers övriga processer som produktion, organisation och ekonomi. Det är det senare som denna bok primärt handlar om. Vi menar att det finns väsentliga brister i hur arbetsmiljöarbetet leds, styrs eller organiseras. Vår avsikt är att bidra med förståelse bakom bristerna i arbetsmiljöstyrningen samt hur styrningen kan förbättras. Det är en smaksak vilket begrepp som bör användas, ledning, styrning eller organisering. Begreppen är huvudsakligen synonyma även om vissa forskare och författare ibland lyfter fram sina idéer om vilka perspektiv som är särskilt viktiga. T.ex. kan ledning anses handla om ett psykologiskt perspektiv på ledarskap. Det är inte vårt angreppssätt i denna bok. Vi kommer senare att behandla sociologiska och i viss mån socialpsykologiska perspektiv och frågeställningar kring styrning och organisering. Vi har bestämt oss att använda begreppet styrning mest därför att det ligger nära det ekonomiska begreppet ekonomistyrning. Vi utgår från detta begrepp när vi senare ska diskutera arbetsmiljöstyrning.

Företags sociala ansvar uppmärksammades tidigt. I USA, under 1800-talets senare hälft, skapade kapitalister som Andrew Carnegie stora rikedomar i liberalismens anda. Det gav upphov till en debatt om och förväntningar på kapitalister att dela med sig av sina vinster till samhället. Som ett svar på sådana förväntningar finansierade Andrew Carnegie ca 2500 bibliotek. Det var ett sätt att transferera en del av företagets vinster till ett socialt ändamål. I England byggde kapitalisten Sir Titus Salt skolor, kyrkor och sjukhus för att bidra till samhällsutvecklingen. Lever Brothers (numera Unilever) byggde bostäder åt sina arbetare. Dessa exempel är bara tre av många som visar att en del företag under 1800-talet tog ett visst socialt ansvar. Som en följd av industrialiseringen bildades också fackföreningar för att tillvarata arbetarnas intressen och stävja arbetsgivares exploatering av arbetskraften. Barnarbete och reglerad arbetstid m.m. infördes. Som följd av exploateringen uppstod även andra folkrörelser t.ex. nykterhetsrörelser, konsumtionsföreningar och medborgarrörelser för kvinnor.

Ansvarstagande för olyckor hade emellertid förkommit långt före industrialiseringen. Ett sådant exempel nämns i Namdalens historie 1600 - 1837 (1999). Två män dömdes år 1720 till böter för att under arbete ha satt en sten i rörelse med påföljd att en tredje man förolyckades. Det finns givetvis flera sådana tidiga exempel även om det inte var allmänt förekommande. Detta är ett exempel på ansvarstagande på individnivå. Andra exempel handlar om ansvar på organisationsnivå. Norge har sedan urminnes tider varit en sjöfararnation. I takt med ökat fiske och handel såväl inom landet som med andra länder utvecklades sjöfarten. Handelshusen växte i betydelse och båtarna blev fler och större. Bergen som Hansastad fick ökad konkurrens med Trondheim. Detta innebar att såväl skepps- som varvsföretag bildades. För att minska olycksrisken började fartygens säkerhet att inspekteras. Senare startades också utbildning av fartygsbefäl m.fl. I Sverige utvecklades gruvindustrin snabbt under 1970-talen. Olycksfallen var inte sällsynta. På motsvarande sätt som i Norge påbörjades inspektioner och utveckling av metoder för att förebygga olycksfall. Ett första sjukhus hade emellertid byggts i anslutning till Falu koppargruva redan under 1500-talet. Sågverk etablerades i såväl Norge som Sverige under 1700-talet. Verksamheten var farlig på många sätt t.ex. vid flottning av timmer på älvarna. Olyckor hände också inne på sågverken genom att sågklingorna var oskyddade.

Under 1900-talet har företagens sociala ansvarstagande successivt utvecklats. Viktiga drivkrafter har varit den ökande globaliseringen och de multinationella företagens växande makt och närvaro i vissa länder. Som en följd av detta har ideella organisationer av olika slag bildats, t.ex. Human Rights Watch och Amnesty. De senares syfte var och är att undersöka och påpeka brister i inte bara staters utan även företags ansvar för mänskliga rättigheter. Amnesty t.ex. har publicerat rapporter om hur utländska företag varit inblandade i övergrepp mot mänskliga rättigheter vilket senare bidrog till att FN:s generalförsamling år 2011 antog riktlinjer för företag och mänskliga rättigheter. Dessa riktlinjer, även kända som "Ruggie-ramverket", fastställer företagens ansvar att respektera mänskliga rättigheter och att vidta åtgärder för att förhindra överträdelser. Människorättsförespråkare inser alltmer vikten av att säkerställa att ansvaret för förverkligandet av sådana rättigheter inte enbart vilar på staternas axlar.

Framtagandet av olika riktlinjerna har också varit inspirerat av och kan ses som en fortsättning på det arbete som den internationella arbetarorganisationen (ILO) genomförde under 1990-talet för att skapa gemensamma internationella riktlinjer inom det arbetsrättsliga området. En god arbetsmiljö är enligt ILO (2008) en grundläggande rättighet för alla arbetstagare. Utformningen av riktlinjerna ska också ses i ljuset av ett ökat intresse för att tydliggöra ansvarsprocesser, s.k. "due diligence" för mänskliga rättigheter.

Efter millennieskiftet har FN också tagit fram vägledande principer för företag och mänskliga rättigheter. Dessa utgör grunden för flera internationella standarder som t.ex. ISO 26000 och OECD:s riktlinjer för multinationella företag. Företag förväntas nu att respektera mänskliga rättigheter i alla sina verksamheter och affärsrelationer. Ett viktigt tydliggörande i riktlinjerna är att samtliga mänskliga rättigheter ska beaktas av samtliga företag oavsett storlek eller inriktning. Enligt principerna kan företag vara involverade i kränkningar av mänskliga rättigheter på tre olika sätt: (1) Orsaka negativ påverkan genom sin verksamhet, (2) Bidra till negativ påverkan genom sin egen verksamhet eller sina affärsrelationer, (3) Genom sina affärsrelationer stå i direkt samband med kränkningar eller negativ påverkan. Genom att följa dessa principer och standarder kan företag bidra till en mer rättvis och hållbar världsekonomi.

Om ett företag orsakar eller bidrar till negativ påverkan krävs att företaget förebygger och undviker potentiella risker, agerar för att stoppa risker som pågår, och gottgör skada som åsamkats människor. Om ett företag är involverat i den negativa påverkan endast genom sina affärspartner krävs att företaget ska påverka sin affärspart att förebygga och förhindra framtida risker, och stoppa pågående negativ påverkan. Är kränkningen allvarlig måste företaget ge frågan hög prioritet oavsett koppling och möjlighet att påverka. Ett sätt att avgöra allvarlighetsgraden är om skadan är oåterkallelig eller inte, och hur många människor som lider skada. Det går alltså inte att hävda att företaget inte har kontroll över eller kan påverka en eventuell affärspartner om skadan är att anse som allvarlig.

Arbetsmiljö handlar om att skydda och befrämja anställdas hälsa genom analys av arbetsplatser, identifiering av risker och förebyggande åtgärder för att undvika hälsorisker. Konceptet täcker alla aspekter av arbetstagarnas hälsa, fysiska arbetsförhållanden såväl som individuella och psykosociala förhållanden. Att hälsa och välbefinnande på arbetsplatsen i allmänhet påverkar arbetstagarnas produktivitet, arbetstillfredsställelse och arbetsmotivation är ofta uppenbart.

För att möta globala sociala och ekonomiska utmaningar formulerade FN: s generalförsamling år 2015 17 mål för hållbar utveckling. Dessa mål belyser miljömässiga, sociala och ekonomiska dimensioner av hållbar utveckling. Det framhålls bland annat att anständiga arbetsvillkor och ekonomisk tillväxt (mål 8) är viktiga delar av arbetstagarnas hälsa och välbefinnande (mål 3). Privata företags motivation att förbättra arbetsmiljön bör bygga på humanitära, rättsliga, ekonomiska och hållbara mål. Arbetsplatssäkerhet förväntas vara centralt. I tider av ökande kriser (oavsett om de är medicinska, politiska eller finansiella) bör varje organisation systematiskt övervaka affärs- och arbetsmiljön för att kunna förutse risker.

Genom Agenda 2030 som innehåller de 17 målen har världens länder åtagit sig att under 2016 till 2030 leda världen mot en hållbar och rättvis framtid. De 17 målen är nedbrutna i 169 delmål som ska genomsyra alla politikområden. Agenda 2030 är i juridisk mening ett frivilligt åtagande, och inga stater är bundna att genomföra eller att rapportera de åtaganden som gjorts. När agendan antogs, åtog sig medlemsstaterna däremot att systematiskt följa upp och utvärdera agendans mål i sina respektive länder. Gemensamt slog länderna dessutom fast att ett transparent och integrerat ramverk för uppföljning och utvärdering kommer att vara avgörande för genomförandet. Det fastslogs också att det är av avgörande vikt att stötta länder i att maximera sina möjligheter att uppnå agendans åtaganden och att säkerställa att ingen lämnas utanför.

Även om alla åtaganden är frivilliga pågår löpande ett världsomspännande arbete för att ta fram effektiva system för uppföljning, genomförande och rapportering av agendan. För att överblicka detta har FN skapat ett politiskt forum för uppföljning och utvärdering på global nivå. Forumet ska samla alla FN:s medlemsstater en gång per år och vara ett tillfälle för länderna att rapportera och diskutera framsteg och motgångar i arbetet. Eftersom varje land har eget ansvar är det på nationell nivå som de största anpassningarna till agendan måste ske. Arbetet med att uppnå agendans mål kommer därför att behöva anpassas till respektive lands förutsättningar. För företag och andra organisationer tydliggör hållbarhetsmålen vad ett agerande för en hållbar utveckling innebär.

2. Vad är känt om arbetsmiljöns ekonomiska konsekvenser

I arbetsmiljöns skugga ekonomin vandrar,
hälsans pris, ett dyrbart underlag.
Välbefinnande på arbetsplatsen, en rikedom,
där ekonomins klang möter livets blom.

Ett viktigt syfte för företag är att tillverka produkter eller tillhandahålla tjänster som människor vill köpa. Ofta väljer företagets ledning den billigaste vägen för att nå sitt vinstsyfte. Detta kan innebära hälsorisker för anställda såväl som underleverantörer och kunder liksom samhället i stort. Arbetsmiljön har också stor inverkan på inte bara företagets utan även samhällets ekonomi. Men det är också så att företagets ekonomi och styrning för att uppnå lönsamhet påverkar anställdas produktivitet och kostnader för förebyggande och rehabiliterande insatser till gagn för anställda. Säkerheten på arbetsplatsen är alltså viktig, vilket i viss utsträckning varit uppenbart i århundraden. I Namdalens historie 1600–1837 berättas om en kraftig storm som överrumplade de fiskebåtar som låg vid ön Sclinna för att segla till det årliga skreifisket vid Lofoten. Tvåhundra män miste livet vilket måste ha varit ett fruktansvärt hårt slag för de kvinnor och barn som levde på ön.

Genom ökad medvetenhet, lagstiftning och överenskommelser är kontrollen avseende arbetsmiljön numera förhållandevis väl utvecklad. Inspektioner, utbildning, regleringar av ansvar och teknisk utveckling har förändrats succesivt. Men även om risker för t.ex. skador p.g.a. fall, tunga lyft och buller har minskat ökar i stället kemiska hälsorisker liksom risker förknippade med stress och andra psykosociala problem.

I detta kapitel redogör vi för ekonomiska studier av sjukfrånvaro, sjuknärvaro, lönsamhet och produktivitet, samt hälsoekonomi.

2.1 Studier av sjukfrånvaro

Vid studier av sjukfrånvarokostnader kan tre olika perspektiv beaktas, d.v.s. konsekvenser för den enskilde drabbade personen, för organisationen (företaget) eller för samhället. Vi väljer här organisationsperspektivet.

På 1920-talet lanserade H.W. Heinrich isbergsteorin. Han delade ett företags olyckskostnader i direkta och indirekta kostnader. Direkta kostnader inkluderade lönekostnader för frånvaro, sjukvård, mediciner och andra omedelbara kostnadskonsekvenser av olyckan. Med indirekta kostnader avsågs sådant som förlust av arbetstid för andra anställda, produktionsförluster, skada på företagets image, juridiska kostnader och böter. De direkta kostnaderna motsvarade endast ca 10 procent av de totala, d.v.s. bara toppen på isberget. Heinrich märkte också att många företagsolyckor inte ledde till stora hälsoförluster. Olyckstriangelteorin, som härleddes från dataobservationer, avslöjade en prevalens av lindriga olyckor i jämförelse med dem som ledde till invaliditet. Detta innebär att för varje olycka som ledde till 3 eller fler skadedagar var det vanligast med mindre skador eller olyckor utan personskador.

Kostnader för korttidsfrånvaro respektive långtidsfrånvaro brukar skiljas åt. Orsaken till detta är att kort eller lång frånvaro oftast får helt olika konsekvenser. Exempelvis kan övertid behöva användas för att motverka kostsamma produktionsförluster vid korttidsfrånvaro medan ersättningsanställning kan vara ett bättre alternativ vid långtidsfrånvaro. Vid beräkningar av kostnader för sjukfrånvaro är det viktigt att ta hänsyn till företagets kapacitetsutnyttjande. När endast en del av kapaciteten utnyttjas kan omfördelning av arbetet från en typ av produktion till en annan bidra till att mildra effekterna av frånvaro. I en sådan situation kan kanske inte övertid eller externa vikarier behöva användas. Om så är fallet uppstår ingen kostnad p.g.a. sjukfrånvaron. Under pandemiåren behöll vissa företag sin personal trots att försäljningen och produktionen minskade. De gjorde detta för att övervintra under de besvärliga åren och därmed snabbt kunna öka kapaciteten igen när pandemin klingat av.

Såväl direkta (till exempel sjuklön, arbetsgivaravgifter, semesterersättning, produktionsbortfall) som indirekta kostnader (administrativa kostnader för att lösa frånvaroproblematiken) är vanligtvis högre vid korttidsfrånvaro. Det är lättare att i en organisations bokföring spåra de direkta kostnaderna jämfört med att spåra och bedöma de indirekta. T.ex. om de indirekta kostnaderna för sjukfrånvaro inom en av flera avdelningar ska bedömas behöver de administrativa kostnaderna fördelas mellan avdelningarna. Det kan också vara så att de eventuellt ökade administrativa kostnaderna kanske beror på något annat t.ex. IT-problem. Försäljnings- eller produktionsbortfall kan ibland vara en direkt kostnad även om det oftare troligen får betraktas som en indirekt kostnad. Generellt kan man säga att alla indirekta kostnader är svåra att fördela mellan olika faktorer som kan tänkas ha påverkat frånvaron. Kausaliteten, d.v.s orsak-verkan-sambandet är oftast också knepigt att fastslå.

Vid millenieskiftet var sjukfrånvaron i Sverige alarmerande hög. Därefter sjönk den och stabiliserades i likhet med de övriga nordiska länderna. Sjukfrånvaron varierar emellertid kraftigt mellan olika branscher. I vissa branscher har t.ex. psykosociala faktorer ökat starkt under de senaste tio åren. Andelen personer som uppger att de är psykiskt utmattade i slutet av arbetsdagen ökar. Det finns också tecken på att förekomsten av arbetsrelaterad psykisk ohälsa ökar. Som ett led i att förstå de ökande psykosociala hälsoriskerna har Karasek och Theorell (1990) utvecklat en teori om att en obalans mellan arbetskrav och kontroll i arbetet kan medföra psykosociala risker. I flera studier har hälso- och frånvaroeffekter av höga arbetskrav och låg kontroll undersökts med avseende både på såväl kort som lång sikt (Bakker et al., 2023). Det finns också indikationer på att ogynnsamma fysiska och psykosociala arbetsförhållanden tillsammans ökar den framtida risken för sjukfrånvaro mer än var och en för sig (Bakker et al., 2023).

Att anställda är frånvarande från arbetet kan påverkas av olika faktorer. Det kan vara så att det är mer ekonomiskt att en anställd som är sjuk stannar hemma i stället för att t.ex. smitta andra anställda. Detta var också en högaktuell fråga under pandemin. Kostnaden för organisationen kunde vara lägre om den Covidsjuke stannade hemma.

2.2 Studier av sjuknärvaro

Litteraturen om hälsa på arbetsplatsen har visat att sjuknärvaro, d,v,s, att gå till jobbet när man är sjuk, ökar. Det är inte bara frågan om när någon har en förkylning eller influensa och ignorerar rådet att stanna hemma. Det kan också handla om när anställda förnekar att de har allvarliga hälsotillstånd relaterade till stress eller psykisk hälsa. Sjuknärvaro är ett globalt observerat beteende med prevalens under ett år varierande mellan 30 % och över 90 % av de tillfrågade anställda (Lohaus, 2018). Undersökningar visar att nästan tre fjärdedelar av de tillfrågade har observerat närvaro i sina organisationer. En studie i Norge och Sverige fann att över 50 % av arbetstagarna upplevde sjuknärvaro minst en gång under det senaste året (Johansen et al, 2014). Beroende på definitionen av sjuknärvaro är kostnaderna förknippade med den förmodligen högre än de kostnader som orsakas av frånvaro (t.ex. Strömberg et al., 2017).

Att sjukfrånvaron inte ökar kan ha att göra med ökningen av sjuknärvaro. Visa organisationer framhåller också att negativa konsekvenser av sjukfrånvaro kan få anställda att välja sjuknärvaro (Miraglia & Johns, 2016). T.ex. har konkurrensnärvaro dykt upp bland anställda som försöker överträffa varandra i hur sjuka de är samtidigt som de kommer till jobbet. Detta närvarobeteende kan vara problematiskt för individen, eftersom det kan medföra en försämring av hälsan, vilket också kan leda till ökade kostnader för organisationer och samhälle (Evans-Lacko & Knapp, 2016). Olika arbetsscheman kan också leda till att anställda känner ett behov av att vara närvarande på jobbet även när de inte borde vara det. Detta kan hända när det finns en obalans mellan de timmar de arbetar och de timmar de vill arbeta, eller när de arbetar många timmar eller i skift.

Vid första anblicken kan sjuknärvaro verka som om det vore lönsamt för organisationen. Den slipper kostnader för oplanerad frånvaro, till exempel kostnaden för ersättare. Det senare kan emellertid vara fel eftersom anställda som går till jobbet när de är sjuka tenderar att oftare begå fel (Niven & Ciborowska, 2015). Dessutom är prestations- och produktivitetsnivåerna lägre hos de som är sjuknärvarande.

Sjuknärvaro är starkt kopplat till arbetskrav och stressfaktorer på arbetsplatsen. Detta inkluderar aspekter som hög arbetsbelastning, underbemanning, övertid, samt övergrepp, trakasserier och diskriminering (t.ex. Pohling, Buruck, Jungbauer, & Leiter, 2016). Negativa aspekter av jobbet kan indirekt leda till närvaro genom att det sätter press på den anställde att dyka upp på jobbet. Trakasserier och diskriminering kan också vara kopplade till maktobalanser, där de som behandlas illa har liten kontroll över när de kan vara frånvarande. Sjuknärvaro kan påverkas av strikta frånvaropolicyer, positiva faktorer i organisationen (som stöd och rättvisa), organisatoriska förändringar och uppsägningar liksom av HR-policyer relaterade till hälsa (Lohaus & Habermann, 2019). Den övergripande arbetsmiljön spelar också en roll.

Det är viktigt att inte se sjuknärvaro som ett negativt eller positivt fenomen, utan snarare som en utlösande faktor för en rad konsekvenser med potential att bli negativa eller positiva. De flesta studier visar dock på negativa konsekvenser för organisationen, såsom produktivitetsförlust, och för individen, t.ex. försämrade hälsotillstånd i framtiden (Gustafsson och Marklund, 2011). Forskning har visat att det kan ha positiva effekter för både individen och organisationen att komma till jobbet när man är sjuk. Arbete kan hjälpa till att fylla psykologiska behov och stödja återhämtning från ohälsa. Problematiska resultat uppstår inte automatiskt om man går till jobbet när man är sjuk, utan när man gör det utan att lämplig hantering eller anpassning görs av arbetsuppgifterna, miljön eller utrustningen, för att säkerställa att effekten på personens hälsa är läkande snarare än skadlig. Till exempel innebär tidig rehabilitering ofta att en viss närvaronivå är fördelaktigt för både organisationen och den anställde.

En del medarbetare känner sig också stöttade och motiverade att arbeta sig igenom lindrig sjukdom med hjälp av sina arbetskamrater. Arbetsgivare bör inse att en viss nivå av närvaro kan vara fördelaktig om den hanteras väl, och denna positiva närvaro uppnås när det finns tillräckliga resurser i arbetsmiljön för att stödja en viss grad av flexibilitet och anpassning till arbetsuppgifterna. Däremot kan en ihållande närvarokultur vid sjukdom ha en negativ påverkan på arbetsmoral och arbetskvalitet.

Dessutom kan närvarokulturen bidra till utbrändhet hos anställda och att tiden för att genomföra vissa uppgifter förlängs.

Som framgår av detta avsnitt kan de ekonomiska konsekvenserna av sjuknärvaro variera avsevärt beroende på såväl orsaken till sjuknärvaron som organisationens och kollegornas inställning till sjuknärvaron.

2.3 Studier av lönsamhet och produktivitet

Det finns en omfattande litteratur som visar att arbetsmiljöfrågornas ekonomiska betydelse är mycket stor. Leigh, Markowitz, Fahs, Shin och Landrigan (1997) fann att de kostnader som är förknippade med arbetsrelaterade hälsoproblem är nästan lika stora som de sammanlagda kostnaderna för alla cancerformer. Detta påverkar samhälle, företag och individer.

När det gäller organisationsnivån påverkas ekonomin på flera sätt, t.ex. produktivitet, produktkvalitet, försäljning, samt kostnader för sjukfrånvaro och personalomsättning. Även `bottom line´, d.v.s. företagets lönsamhet och dess värde påverkas. Även om fördelarna med att investera i arbetsmiljön är tydliga i teorin, är det mycket svårare att empiriskt dokumentera fördelarna. Till exempel gjorde Iaffaldano & Muchinsky (1985) en metaanalys av korrelation mellan arbetstillfredsställelse och arbetsprestation, som undersöks i 74 studier, De fann en genomsnittlig låg korrelation på endast 0,17. Forskarna kallade den svaga korrelationen för en illusorisk korrelation och en modefluga för organisationsledningar. Denna metaanalys spreds och påverkade managementtänkandet under resten av millenniet. Studien citerades ofta som bevis för att det inte finns något samband mellan tillfredsställelse i arbetet och prestation. I nyligen genomförda studier har man emellertid funnit vissa positiva resultat både på individ- och organisationsnivå (Bakotić, et al. 2016).

Även om det är möjligt att identifiera faktisk sjukfrånvaro är det mycket svårt att mäta i vilken utsträckning en arbetskrafts hälsa och välbefinnande förbättras på grund av insatser. Eklunds (1992) forskning har

25

visat att vissa arbetsuppgifter som utförs i dåliga arbetsmiljöer har upp till tre gånger så många kvalitetsbrister jämfört med andra.

I en studie av Johanson (1997) undersöktes förändringar i produktivitet och sjukfrånvaro inom 108 arbetsmiljöprogram som genomförts inom medelstora och stora svenska organisationer. Produktivitetsförbättringar var den i särklass viktigaste effekten av arbetsmiljöförbättringarna. För de flesta företag i studien baserades produktivitetsdata på mätningar. När produktivitetsdata inte var tillgängliga ombads organisationerna att skatta produktivitetsförändringarna. Det visade sig att 76 procent av företagen var säkra på att produktivitetsförbättringarna berodde på arbetsmiljöinvesteringarna

I en stor registerbaserad studie som genomfördes under 2000-talets första decennium i de fyra nordiska länderna Danmark, Finland, Norge och Sverige (Foldspang m.fl. 2014) undersöktes sambandet mellan anställdas välbefinnande och produktivitet definierat som förädlingsvärde. (Förädlingsvärde förklaras senare i texten. Se sakregistret) Den nordiska registerdatastudien är troligen den mest omfattande som gjorts i Europa när det gäller sambandet mellan arbetsmiljö och produktivitet mätt som förädlingsvärde.

Anställdas välbefinnande delades upp i två komponenter, frågor som kan hänföras till den fysiska respektive den psykosociala arbetsmiljön. Det statistiska materialet i Danmark och Sverige möjliggjorde undersökning av sambandet mellan individdata och företagsdata. Det visade sig att anställdas uppfattningar om den fysiska arbetsmiljön är en god indikator för utvecklingen av förädlingsvärdet. Mellan uppfattningen om den psykosociala arbetsmiljön och utvecklingen av förädlingsvärdet finns dock inte något motsvarande samband. Det kan finnas många tänkbara orsaker till att samband saknas, till exempel kan det vara så att de frågor som valts för att studera sambandet inte är tillräckligt valida, det vill säga inte mäter den psykosociala arbetsmiljön tillräckligt bra.

Arbetsolyckor och arbetsskador är mycket beroende av effektiva system och rutiner för hantering av hälsa och säkerhet på arbetsplatsen. Även om forskningen om OHSM-aktiviteter (Occupational

26

Health and Safety Managament) på företagsnivå och deras ekonomiska effekter är knapphändig, finns det några studier som har adresserat detta. Leino (2023) har genomfört en ekonomisk analys av OHSM inom ett företag med flera affärsenheter. Han fann att fem av enheterna hade nettofördelar på cirka 1,5-2,5 % av lönesumman av sina investeringar i OHSM som uppnåddes genom en kombination av strategiska processer som handlade om samarbete, inriktning på företagets huvudsakliga risker för arbetsoförmåga, och underlättande av samordning och informationsflöde.

Många fler fallstudier visar att organisationer tjänar på att förbättra sina arbetsmiljöer. En genomgång av 250 fallstudier som genomförts av Goggins et al., (2008) visade mestadels positiva ekonomiska effekter av arbetsmiljöåtgärder, med återbetalningstider som vanligtvis var mindre än ett år. I en implementering av ergonomiska interventioner, föreslagna av Washington State Department of Labor and Industries, rapporterades en minskning av rapporterade exponeringar på arbetsplatser inom de mest riskfyllda branscherna mellan 1998 och 2003. Efter att regeln upphävdes ökade dock riskexponeringarna igen. Även om fler arbetsplatser rapporterade att de vidtog åtgärder för att minska exponeringar mellan 1998 och 2001, vändes denna utveckling under 2003 och 2005 (Foley et al., 2009). Arbetsgivare som vidtog åtgärder rapporterade positiva resultat, såsom minskad skadefrekvens och sjukfrånvaro. Större arbetsplatser inom högriskbranscher var mer aktiva i att vidta åtgärder och använde en mängd olika resurser för att hantera ergonomiska problem. Småföretag förlitade sig mer på branschorganisationer och statliga resurser.

Även om det har visat sig att förbättringar av arbetsmiljön i allmänhet är kostnadseffektiva och fördelaktiga för företag finns det anledning att varna för vissa fallstudier. En del sådan kan bygga på önsketänkande, sambandet mellan arbetsmiljö och produktivitet är komplext. Arbetsmiljö kan definieras på så många olika sätt. En annan problematisk faktor är hur olika faktorer som påverkar arbetsmiljön ska operationaliseras för att också göras mätbara.

Forskning som kopplar arbetsmiljö till aktiemarknadens värdering av olika bolag är fortfarande knapphändig. Ett undantag är en studie av sambandet mellan arbetsmiljö och förändring av börsens aktievärdering genomförd av Larsson, Mather och Dell (2007). Studien undersökte hur företag hanterar arbetsrelaterade risker. Den granskade de 150 största börsnoterade företagen i Australien för att bedöma deras säkerhetssystem. De bästa företagen valdes ut till en investeringsportfölj med fokus på arbetsmiljö och säkerhet (OH&S). De visade att en effektiv hantering av arbetsmiljöfrågor haft ett starkt samband med aktiernas värde. De skapade en investeringsportfölj baserad på poäng för arbetsmiljöhantering, som under 10 år visade en 35 % större värdeökning jämfört med det allmänna S&P/ASX200-indexet.

Det finns även andra studier som visar att arbetsmiljöåtgärder kan förbättra arbetstagarnas hälsa avsevärt och samtidigt ha en positiv inverkan på affärsresultaten (Cancelliere m.fl., 2011; Goetzel et al., 2014; Song och Baicker, 2019). Vissa granskningar visar att arbetsmiljön kan minska såväl hälso- och sjukvårdsutgifterna som frånvaron (Grimani 2018) och dessutom ha en god ekonomisk inverkan (Lerner m.fl., 2013; Unsal m.fl., 2021). Men eftersom de flesta av ovanstående studier är översikter baserade på tvärsnittsstudier finns det vissa begränsningar i påståendet. Det kan tolkas som att när ett företag går bra kan de betala sina anställda mer och ge dem bättre förmåner, vilket gör de anställda friskare, d.v.s. det är oklart hur sambandet mellan arbetsmiljö och produktivitet ser ut. En annan svaghet är att studierna av arbetsprestation mäts på individnivå medan produktiviteten mäts på aggregerad nivå. Man kan fråga sig hur sambanden skulle se ut om alla mätningar vore på aggregerad nivå.

De flesta studier undersöker sambandet mellan de olika aspekterna av arbetsmiljön med hjälp av en enkätundersökning. De icke materiella värden i form av exempelvis arbetstillfredsställelse kan vara svåra att fånga, vilket tydliggjordes i den nordiska studien (Foldspang et al, 2014) som vi kortfattat redogjort för. Att psykosociala frågor inte har något samband med produktivitet är svårt att förstå. En studie av Edmans et al (2012), som genomfördes bland de 100 bästa företagen att arbeta för i USA indikerar att samband. Edman menar att arbetstillfredsställelse har en positiv inverkan på aktiemarknadens värdering av företagen. Detta kan ha att göra med en ökad betoning av företagens sociala ansvar vilket på sikt också kan påverka aktievärderingen. Vad som däremot inte är säkert är om aktiemarknaden bryr sig om arbetsmiljöförhållandena inom ett företag (Johanson, 2004). I en svensk studie för några år sedan (Henningsson et al, 2015) hävdade fondförvaltare att de ej brydde sig om arbetsmiljöfrågor i samband med företagsvärdering. Respondenterna menade att de utgår från att företagsledningen tar hand om arbetsmiljöfrågor. De lade till att ett undantag kan vara om brister i arbetsmiljön kan orsaka stora kostnader.

2.4 Studier i hälsoekonomi

Styrning av organisationen spelar en avgörande roll för de anställdas hälsa och välbefinnande. Organisationer som prioriterar rättvisa arbetsförhållanden, tillgång till fortbildning, och säkerhets- och hälsoskydd på arbetsplatsen har en personalstyrka med bättre hälsa och högre arbetsmoral. Lika viktigt är rättvis ersättning, möjlighet till vidareutbildning, samt arbetsmiljöer som främjar både fysisk och mental hälsa. Åtgärder som nedskärningar i arbetsmiljöprogram verkar dock leda till ökad arbetsrelaterad stress, större ojämlikheter inom organisationen och lägre självskattad hälsa, vilket i sin tur påverkar arbetsresultaten och ökar sjukfrånvaron.

Att prioritera säkerhet på arbetsplatsen, de anställdas välbefinnande och produktivitet är inte bara ett moraliskt imperativ utan också ekonomiskt vettigt. Genom att utnyttja kostnadseffektivitet och använda metoder som kostnads-nyttoanalys, finansiell modellering och datadrivet beslutsfattande kan företag göra välgrundade investeringar i interventioner som förbättrar såväl produktiviteten som de anställdas välbefinnande. I detta avsnitt diskuterar vi studier som använder kostnads-nyttoanalys och finansiell modellering för att bedöma hälsoinvesterings inverkan på organisationers ekonomi.

Ett skäl till att arbetsgivare inte satsar på hälsofrämjande åtgärder för sina anställda är att de är tveksamma till sådana program ger en positiv avkastning på investeringen (ROI, Return On Investment). En kritik som framförs är att det saknas en tydlig koppling mellan minskning av hälsorisker, sjukvårdsinsatser och besparingar. Studier av stora organisationer i USA har visat att hälsofrämjande program med goda resurser på arbetsplatsen kan ge betydande avkastning på investeringen (Goetzel, 2014). Effektstudier som gjorts under de senaste tre decennierna visar att väl utformade och genomförda program som bygger på evidensbaserade principer kan uppnå positiva hälso- och ekonomiska resultat (Goetzel, 2014).

Små och medelstora arbetsplatser är mindre benägna att dra igång hälsofrämjande åtgärder på grund av budgetbegränsningar och begränsade personalresurser för implementering och underhåll av program. Dessutom är de mindre benägna att bedöma effektiviteten av sådana program. I jämförelse med större företag har små företag som erbjuder hälso- och sjukvårdsförmåner upplevt större ökningar av sjukvårdskostnaderna. Baker et al. (2008) använde en modell för att uppskatta kostnadsbesparingar och ROI från ett program som involverade 890 arbetare från 119 företag av varierande storlek (mestadels små och medelstora arbetsgivare). Studien, som genomfördes under ett år, visade på en avsevärd minskning av 7 av 10 hälsoriskfaktorer, bl.a. övervikt och fetma. Varje satsad dollar resulterade i 1,17 dollar tillbaka.

Små och medelstora arbetsplatser är också mindre benägna att bedöma effektiviteten av sådana hälsobefrämjande program. I en ettårig longitudinell studie undersöktes förändringar av tio modifierbara hälsorisker bland 2458 anställda vid 121 företag i Colorado. Företagen deltog i ett omfattande hälsofrämjande program (Goetzel et al., 2014). Resultaten visade riskminskningar av 10 hälsotillstånd. Detta medförde att ROI blev så hög som 2,03 dollar per satsad dollar.

Även om det i tidigare studier har visats att förbättringar av arbetsmiljön i allmänhet är kostnadseffektiva och fördelaktiga för företag (Beevis, 2003; Oxenburgh, Marlow, & Oxenburgh, 2004), ifrågasätts det verkliga värdet av arbetsplatsinterventioner än i dag. Detta trots att nya studier tillkommer (Cancelliere m.fl., 2011; Goetzel et al., 2014; Song och Baicker, 2019). Vissa undersökningar visar att arbetsmiljöinvesteringar kan minimera hälso- och sjukvårdsutgifterna liksom kostnaderna för sjukfrånvaro (Vargas-Martínez 2021; Grimani 2018) och därmed ha en god ekonomisk inverkan (Lerner et al., 2013; Unsal et al., 2021).

Men eftersom de flesta studier är baserade på tvärsnittsstudier finns det vissa begränsningar i påståendet. Det kan tolkas som att när ett företag går bra kan de betala sina anställda mer och ge dem bättre förmåner, vilket gör de anställda friskare. Men som vi påpekat i tidigare avsnitt kan en tvärsnittsstudie också innebära det omvända. D.v.s kausalitetens riktning förblir okänd. Vad påverkar egentligen vad. För att komma tillrätta med detta krävs longitudinella studier. Ett preventionsprogram för att förlänga hållbara och hälsosamma arbetsliv för byggnadsarbetare utvecklades med målet att förbättra deras hälsa och arbetsförmåga (Oude et al, 2014). I en studie analyserades programmets kostnadseffektivitet och ekonomiska avkastning ur arbetsgivarperspektiv. Totalt 293 arbetare från 15 avdelningar deltog, där vissa slumpades till interventions- eller kontrollgrupper. Efter 12 månader visade resultaten att kostnaderna för sjukfrånvaro var signifikant lägre i interventionsgruppen, men inga signifikanta skillnader i arbetsförmåga eller hälsa noterades. Trots minskade sjukfrånvarokostnader och ett nettobenefit på 641 euro per arbetare, ansågs programmet inte vara kostnadseffektivt.

Två ohälsotillstånd är ofta särskilt kostsamma, nämligen psykisk hälsa och de muskuloskeletala hälsoproblemen. Om insatser för att befrämja dessa ger valuta för pengarna är fortfarande tvetydiga (Karanika-Murray et al., 2016). De flesta experimentella utvärderingsstudier fokuserar på att fastställa förekomsten av en genomsnittlig effekt på samhällsnivå, snarare än att ge en omfattande analys av kostnader och fördelar i samband med interventioner på organisationsnivå (Burgess et al, 2020). Tyvärr finns det en brist på fallstudier som visar positiva ekonomiska resultat av t.ex. interventioner för psykisk hälsa på arbetsplatsen ur både organisations- och samhällsperspektiv (Gaillard et al, 2020). För ekonomiska utvärderingsstudier av muskuloskeletal hälsa med fysiska, manuella eller ergonomiska interventioner är evidensen begränsad på grund av studiernas kvalitet och antal.

Att undersöka de ekonomiska konsekvenserna av implementering av policyer för distansarbete med avseende på hälsa och säkerhet är numera mycket viktigt. De ekonomiska konsekvenserna av flexibla arbetspolicyer för t.ex. arbete hemifrån har också undersökts. Till exempel visade en studie av Mutigandas (2022) att även om omfattningen av förändringen i prestation var beroende av individuella egenskaper och omfattningen av den flexibla arbetspraktiken i organisationen, var distansarbete förknippad med ökad organisatorisk prestation. Detta gällde särskilt när det handlade om unika arbetsuppgifter kopplade till den anställdes särskilda kompetens. När distansarbete är frivilligt verkar det också vara så att både den faktiska personalomsättningen och avsikterna att lämna organisationen är lägre. Med de potentiella kostnadsbesparingarna genom minskade pendlings- och kontorskostnader kan företag optimera sina flexibla arbetsstrategier samtidigt som de prioriterar de anställdas välbefinnande (Patti, 2014).

Detta avsnitt har betonat den avgörande skärningspunkten mellan ekonomiska överväganden, hälsa på arbetsplatsen och säkerhet på arbetsplatsen. Det finns ett föränderligt narrativ där företag i allt högre grad erkänner den inneboende vikten av att prioritera säkerhet, anställdas välbefinnande och anställdas möjligheter till produktiva arbetsinsatser. Undersökningen av arbetsplatsinterventioner, med stöd av kostnads-nyttoanalys och finansiell modellering, erbjuder en strategisk ram för beslutsfattande. Även om utmaningar kvarstår, särskilt för små och medelstora företag, finns det belägg för att väl utformade hälsofrämjande program leder till positiv avkastning på investeringarna. Det råder ständig osäkerhet om värdet av arbetsmiljöinsatser i olika hälsofrågor, t.ex. kostnadseffektiviteten hos insatser för psykisk och muskuloskeletal hälsa, och det föränderliga landskapet för strategier för distansarbete när det gäller potentiella kostnadsminskningar, förbättrad arbetstagarhälsa och positiva ekonomiska effekter.

Att främja en hälsosam, säker och produktiv arbetsmiljö är dock både ett moraliskt imperativ och en klok ekonomisk strategi. Men det finns en del problem som kan ställa till bekymmer. Ett sådant är iden om rationellt beslutsfattande. Ett annat handlar om hur arbetsmiljöfrågorna kan och bör ledas och styras. Ett kanske ännu större problem som kan ställa till vandringen mot den sköna nya hälsosamma världen är av existentiell art. Alla dessa frågor diskuterar vi i de följande kapitlen. Men innan vi går in på dessa frågor ska vi nästa kapitel börja med att redogöra för olika metoder för ekonomisk kalkylering och redovisning.

3. Kalkyleringsmetoder

Vilken spontan association får du till ordet kalkyl frågade läraren? Landskapsarkitektstudenten svarade: "pengar, långsiktighet, budget". Inte så överraskande kanske. Något mer överraskande är svaret från den pensionerade revisorn: "professor Kalkyl". Bokhandlaren ger samma svar, vilket kanske är mindre överraskande. Revisorn lägger till: "Jag är ingen vanlig revisor." Till sist den nydisputerade ekonomen som faktiskt också associerar till professor Kalkyl men försiktigtvis lägger till ordet planering. (Frågan ställdes också till en psykolog och en läkare som också svarade professor Kalkyl.)

Vem är då professor Kalkyl och vad står han för? Han är en tystlåten, stillsam, tankspridd, smått galen och lomhörd professor som när han inte hör gissar sig till vad som sägs, om inte hörluren finns till hands. Han är vidare en hängiven vetenskapsman, vilket dock inte hindrar honom från att ibland använda en pendel som "… enligt vagt ockulta principer skall hjälpa honom att hitta praktiskt taget vad som helst." (…) "Kalkyl tillverkar klädborstningsmaskiner och motoriserade rullskridskor lika glatt som förstörelsevapen, som kan utplåna hela städer. Han gör det med en vetenskapsmans hängivenhet och intresse, men glömmer helt bort etiska och moraliska hänsyn i processen. Den filosofiskt lagde kan förstås fråga sig om Kalkyl sålt sin själ till vetenskapen likt Faust sålt sin till djävulen. Han framställs i grunden som oskyldig som ett barn, men skapar med sin vetenskap livsfarligheter och internationella konflikter." (https://sv.wikipedia.org/wiki/Professor_Kalkyl)

Svaren om vad en kalkyl är spretar, precis som professor Kalkyls verksamhet. Svaret från studenten verkar ytligt betraktat ganska neutralt, kyligt och ändå inte helt orimligt som association. Svaret från de andra tre är laddat med humor. Professor Kalkyl är ingalunda en ofarlig typ eftersom han "… utsätter sig själv och andra för livsfara och stör maktbalansen i världen. Goda och ondskefulla krafter gör allt för att få tag i hans uppfinningar." (Wikipedia)

Om vi ersätter personen Kalkyl med begreppet kalkyl får Wikipediacitatet ovan ungefär följande lydelse: Kalkyler kan användas vid tillverkning av såväl klädborstningsmaskiner och motoriserade rullskridskor som förstörelsevapen, vilka kan utplåna hela städer. Det kan göras med sofistikerade tekniker, men etiska och moraliska hänsyn riskerar att tappas bort i processen. Kalkyler framställs i grunden som oskyldiga, men kan skapa livsfarligheter och konflikter.

  Även om kalkyler ofta betraktas som objektiva och neutrala är de självfallet inte det. Kalkyler bygger ofta på många antaganden i form av kausalitet och fördelning av kostnader med mera. Kalkylerandet är inte oskyldigt. Det har alltid ett syfte som hänger ihop med ett grundläggande synsätt hos den eller de som ställer samman och använder kalkylen. Den är inte alltid bara ett instrument för ökad kunskap utan kanske oftare ett verktyg för argumentation och genomdrivande av en viss åtgärd. Följande exempel belyser detta.

  Enligt ett protokoll den 4 januari 1881 från direktionen för Varbergs lasarett ålades sysslomannen, föregångare till dagens ekonom inom sjukvården, en skyldighet att granska nyanlända patienters borgenshandlingar för att gardera sjukhuset mot onödiga förluster av avgifter för sjuksängar (Herner et al, 1985). Yrke och betalningsklass noterades i sjukjournalen. 1865 års betalningsklasser var följande i Tabell 1. För att kunna utföra denna uppgift skulle sysslomannen ha ett eget rum med en egen säng på sjukhuset, så att han när en ny patient togs emot snabbt kunde besluta om avgiften. Den senare var baserad på patientens betalningsförmåga.

Betalningsklass	Yrke bl.a.
Frisäng	Skollärare, väktarson, gosse, bagargesäll
Klass 1 38öre per dag	Dräng, piga, skräddargesäll, fästningsfånge, torpare, fiskarhustru, hemmahustru
Klass 2 63öre per dag	Hemmansägardotter, kakelugnsmakare, åbohustru, hemmason
Klass 3 75öre per dag	Matros, soldat, gossebarn från främmande land
Klass 4 1 riksdal 13 öre per dag	Skeppskapten från främmande land, lantbrukare

Tabell 1. Betalningsklasser för intagna till Varbergs lasarett år 1865 (Herner m.fl. 1985)

Från direktionens sida handlade det om att undvika risker för att kostnaderna inte skulle täckas av intäkter. I och med att betalningsvillkoren trädde i kraft fastslogs många olika saker, förutom betalningsvillkor bland annat även social tillhörighet. Man kan väl tänka sig att sängkalkylerandet var ett viktigt inslag i den sociala stratifieringen på lasarettet i Varberg. Kalkylen blir alltså ett instrument för utövande av inflytande och makt.

Hur definieras begreppet kalkyl av andra författare? Mer allmänt kan man säga att en kalkyl är en *beräkning* och sammanställning av kostnader och intäkter för ett visst kalkylobjekt. Kalkylen är en *modell*, som används i problemlösning för att avbilda ett problem och där endast väsentliga och ekonomiskt mätbara konsekvenser beaktas. Kalkylmodellen innebär en förenkling av handlingssituationen. I illustrativt syfte använder t.ex. Hansson och Nilsson (1999) följande figur 1:

Kalkyl	Väsentliga och ekonomiskt mätbara
Kalkylsituation	Ekonomiska
Handlingssituation	Ekonomiska, sociala, psykologiska, politiska osv.

Figur 1. Kalkylen som en förenkling av en handlingssituation (Hansson & Nilsson 1999).

Icke mätbara konsekvenser av till exempel social, psykologisk och politisk art med upprinnelse i handlingssituationen försvinner alltså. Det gäller även moraliska konsekvenser. Jämför med såväl professor Kalkyl som klassifikationen av betalningsförmågan hos patienter på Varbergs lasarett. Ett annat exempel kan hämtas från England under 1700-talet, beskrivet av Johanson och Mårtensson (2006, s. 201) på följande sätt. Sir William Petty ville visa hur samhällets brister kunde rättas till med hjälp av den så kallade politiska aritmetiken, som syftade till samhällsförändring och konkreta politiska resultat. "Det övergripande målet var att skapa det rationella och effektiva samhället". Petty beskrev den politiska aritmetiken som "… en vetenskap som med kvantitativa metoder (mätning och räkning) beskrev och analyserade element som skapade samhälleligt välstånd" (Johannisson 1988, s. 25). Men snart kom den politiska aritmetiken att kännetecknas av enorma uträkningar och kalkyler. Petty beräknade Londons moraliska status genom rusdrycksförbrukning och antal häktningar. Han beräknade också individers värde. Ju fler individer desto rikare land.

Därför gällde det enligt Petty att stimulera befolkningstillväxten på olika sätt till exempel genom polygami. Religiösa värden och andra etiska och moraliska värden sattes med lätthet åt sidan. I princip var prostitution, månggifte och utomäktenskapliga förbindelser förbjudna, men om det nu var så att dessa relationer resulterade i barn skulle dessa tas omhand. För om inte annat var ju dessa små barn "ett Capital som räntar af sig med tiden" (Johannisson 1988 s. 101). "Människan blev öppet värderad i kronor och när ett monetärt värde var framräknat kunde många intressanta laboreringar göras. För att öka Englands intäkter föreslog Petty en minskning av maten till arbetarna. Reducerades tiden för matraster ökade arbetstiden. Med samma logik skulle barn tidigt börja arbeta så att de själva skulle kunna bidra till samhällets inkomster (Johanson & Mårtensson 2006,) Genom att bortse från den individuella människan blev hon en del i en "… massa, möjlig att mäta och beskriva i siffror. Den var ett statsmaktens råmaterial att brytas ner och sammanfogas till nya kombinationer som skulle ge facit för det effektiva samhället. Så skulle välfärdsstaten byggas" (Johannisson 1988, s.103). Johannisson avslutar med att skriva att mätningarna syftade till att på ett tydligt sätt kunna se vilka individer som var närande respektive tärande.

Åtgärder baserade på en kalkyl har givetvis moraliska implikationer, vilket är uppenbart i flera av de exempel vi nu tagit upp, det vill säga Petty, Varbergs lasarett med flera. Detta innebär att en kalkyl ibland kanske inte överhuvudtaget bör göras. Vi nöjer oss här med att konstatera att alltid när kalkyler handlar om insatser som berör människor är det mycket väsentligt att kalkylerandet sker utifrån etiskt genomtänkta och grundläggande värderingar. Det senare har också och i högsta grad en central betydelse när det gäller arbetsmiljöstyrning. Vi återkommer till detta i kapitel 4.

De nu nämnda exemplen, d.v.s. Petty och Varbergs lasarett, liksom priset på tillfångatagna soldater under 30-åriga kriget, visar på ett problem med kalkylering avseende människors värde. I kalkyler används siffror, men dessa är imaginära. Man kan t.ex. fråga sig vem som har sett minus ett. Wallin (1980) menar att den verkliga världen är något man kan tala om medan siffor snarare är ett språk som man talar i. Det vill säga att kalkylunderlaget, siffrorna, i t.ex. Varbergs lasaretts prislista inte egentligen säger någonting om de kostnader som kommer att uppstå vid behandlingen av patienten. Inte ens patientens betalningsförmåga kan egentligen förstås med hjälp av prislistan. Wallin refererar till filosofen Canarp (1966) när han hävdar att kalkylens siffror måste korrespondera med reala fysiska operationer. Vi vill lägga till att under förutsättning att medvetenheten är god om siffrors symboliska karaktär kan kalkylering vara på sin plats. Ett sätt att förmedla en kalkyls osäkerhet kan vara att göra en känslighetsanalys d.v.s. att presentera olika kalkyler som baseras på olika antaganden.

Ibland, och ännu värre, kan det också vara så att vissa antaganden inte tas med i en kalkyl. Många klassiska ekonomer t.ex. Adam Smith, Ricardo och Marx menade att värdet av en arbetares produktion är högre än kostnaderna för personen. Det är ju också själva iden med att anställa personal. Men värdet av personens insatser förtigs ofta. Det är t.ex. uppenbart i följande praktikexempel. Ytterligare en faktor som kan "glömmas bort" i nedanstående exempel är den anställdes välbefinnande.

Ska Asta förtidspensioneras, ett kalkylexempel och moraliskt dilemma (ett verkligt men anonymiserat exempel):

Sammanträdesrummet på huvudkontoret är ganska tråkigt. Kala väggar, en whyteboardtavla, bord och stolar. Utsikten är fantastisk om solen hade varit framme. Men det är den inte när controllern Calle börjar sin dragning. Han har gjort eleganta färgbilder som projiceras på väggen. Trots att jag suttit länge i sammanträdesrummet och är trött är det inte svårt att lyssna. Calle är pedagogisk i sin dragning. Han visar en kalkyl som underlag för ett beslut om att Asta, 60 år, ska förtidspensioneras. Kalkylen innehåller antaganden om Astas prestationsnivå, hela gruppens prestation, samt kostnader för lösa ut Asta liksom kostnader för pension, andras löner, rekrytering av en ny person, inskolning av en ny, kalkylränta. Med hjälp av olikfärgade kurvor jämförs sedan olika alternativ som omskolning, uppsägning med ersättning, förtida pension och ingen förändring. Snyggt gjort tänker jag. En känslighetsanalys har ju också gjorts. Den kan tjäna som modell för flera liknande beslut i framtiden. Jag frågar Calle om han tänker sprida modellen inom bolaget.

Calle svarar "nja"

Jag: Vadå Calle?

Calle: Det känns fel...

Jag: Vadå, känns fel?

Calle: Det känns fel att sprida den. Jag vet inte, det känns fel att använda den...

Jag: Känns det fel att räkna menar du?
Calle Nej, men ...
Annan deltagare: Vi måste ju räkna på sådana beslut. Det gör vi ju redan
idag, men inte på ett lika bra sätt.
Calle: Jovisst, men ....

Att en kalkyl är en beräkning framhålls av Hansson och Nilsson (1999). Däremot säger de inte något om att en kalkyl nödvändigtvis ska vara en sammanställning av kostnader och intäkter. När det gäller begreppet modell menar Hansson och Nilsson att det är en sambandskonstruktion mellan studerade faktorer. En kalkyl skulle alltså handla om en sambandskonstruktion, vilket inte nödvändigtvis är självklart. Till sist menar Hansson och Nilsson, som nämnts tidigare, att i kalkyler ska endast väsentliga och mätbara ekonomiska konsekvenser tas med. Vad som är väsentligt och vad som är mätbart har i hög grad att göra med dels vad syftet med kalkylen är dels vilka grundläggande värderingar vi har för kalkylerandet. Vi återkommer till detta i kapitel 4 om styrning.

Kalkyler kan vara av många slag. Det kan vara för- eller efterkalkyler, kostnads- eller intäktskalkyler, bidrags- eller självkostnadskalkyler, pris- eller produktkalkyler med mera (se till exempel Hansson & Nilsson 1999). Många preciserande begrepp kan föregå ordet kalkyl. Dessa begrepp anger kalkylens användningsområde eller dess syfte. Ordet kalkyl liksom det begrepp som föregår ordet kalkyl ger ofta den oinsatte ett intryck av att en kalkyl och därmed kalkylering är något som kan ske med precision. De mer eller mindre goda gissningar som ligger bakom kalkylen ger ett intryck av objektivitet och verifierbarhet byggd på en idé om transparens, identifierbarhet och mätbarhet.

3.1 Kostnadskalkyler och investerings-/interventionskalkyler
Arbetsgivare står för olika kostnader när deras anställda blir sjuka på grund av arbetet. Dessa kostnader inkluderar produktionsbortfall, kostnader för frånvarande anställda, administrativa kostnader, rekryteringskostnader, ersättningsutbetalningar och försäkringspremier. Vanligtvis utvärderas två

huvudkategorier av kostnader: kostnader kopplade till frånvaro på grund av sjukdom och kostnader kopplade till minskad produktivitet när anställda är på arbetet (s.k. sjuknärvaro). Även om en tredje kostnad relaterad till arbetsrelaterad ohälsa – kostnader kopplade till personalomsättning – inte behandlas i detta sammanhang, kan även dessa kostnader vara märkbara. Kostnaderna relaterade till arbetsrelaterade sjukdomar kan ha en avsevärd inverkan på arbetsgivarens finansiella resultat. Det är viktigt för arbetsgivare att hantera dessa kostnader genom att implementera strategier för att förebygga och hantera arbetsrelaterad ohälsa bland sina anställda. Detta kan inkludera att främja en hälsosam arbetsmiljö, erbjuda tillgång till hälsoresurser, tillhandahålla välbefinnandeprogram för anställda samt säkerställa rätt utbildning och stöd för de anställda. Genom att investera i sina anställdas hälsa och välbefinnande kan arbetsgivare minska den ekonomiska bördan av arbetsrelaterade sjukdomar och skapa en mer produktiv och engagerad arbetsstyrka. Dessutom kan arbetsgivare, genom att proaktivt hantera arbetsrelaterade hälsoproblem, förbättra de anställdas moral, engagemang och den övergripande affärsprestandan.

       Det har lagts fokus på att utveckla standardiserade verktyg för kostnadsberäkning av totala arbetsmiljöaktiviteter samt olika arbetsrelaterade hälsotillstånd och incidenter. Syftet är att öka medvetenheten om kostnaderna för arbetsrelaterade hälsotillstånd genom att tillhandahålla metoder som gör det möjligt för organisationer att uppskatta kostnaderna för arbetsrelaterad stress på organisations- eller avdelningsnivå. Resultatet av kostnadsberäkningen kan också fungera som en drivkraft för organisationer att hantera arbetsrelaterade hälsotillstånd på ett hållbart sätt. Ett av de få exemplen på verktyg för kostnadsberäkning är de utvecklade kostnadsberäkningsverktygen för arbetsmiljöaktiviteter (OSH) och företagshälsovårdstjänster (FHV) ur ett företags perspektiv (Nagata, 2014). Detta verktyg är kompatibelt med redovisningsstandarder och möjliggör en standardiserad översikt över samtliga OSH- och FHV-kostnader. OSH-kostnader betraktas som investeringar i personalresurser i syfte att förebygga olyckor och främja medarbetarnas hälsa. Det anses att OSH-kostnader har ett värde som indikator för investeringar i humankapital. Kostnaderna delas upp i tre kategorier: utgifter, kostnader för outsourcing och investeringar, som tilldelas respektive OSH-aktivitet. Dessa tre typer av kostnader jämförs och utvärderas i relation till varje aktivitet. Med hjälp av budgetdokument och finansiella rapporter beräknar verktyget andelen av varje OSH-kostnad i förhållande till de totala kostnaderna på arbetsplatsen, genom en specifik uppdelning av personalkostnader för OSH-personal och övrig personal. Vidare beräknar verktyget andelen av totala OSH-kostnader i relation till företagets totala personalkostnader.

      Russo (2021) undersöker utvecklingen och implementeringen av en modell för kostnadsberäkning av arbetsrelaterad stress i två organisationer i Italien. Modellen bygger på exponering för psykosociala risker och frånvaro från arbetet och använder verktyg utvecklade av den italienska arbetsskadeförsäkringsmyndigheten (INAIL). Den tillämpar "human capital"-metoden och beräknar effekten av arbetsrelaterad stress genom att använda den epidemiologiska måttenheten population attributable fraction (PAF). När modellen implementerades i en hälso- och sjukvårdsorganisation samt en offentlig förvaltningsorganisation i Italien visade resultaten att modellen kan användas för att på ett praktiskt sätt integrera indikatorer för arbetsrelaterad stress (t.ex. olika typer av frånvaro, upplevd psykosocial risk, produktivitetsbortfall baserat på lönekostnader) i kostnadsberäkningar av arbetsrelaterad stress. Modellen erbjuder således en konkret metod för organisationer att hantera arbetsrelaterad stress ur ett företags perspektiv.

      Vid utvärdering av interventioner för arbetsmiljö och säkerhet kan de identifierade kostnaderna klassificeras utifrån perspektiven företag, arbetstagare, ekonomi och samhälle. Dessa kostnadskategorier utesluter inte varandra och kan överlappa avsevärt. Till exempel inkluderas kostnader för både företag och arbetstagare som en del av ekonomins totala kostnader. Vissa kostnader, som till exempel kostnader för arbetstagarförflyttning till följd av produktivitetsökande interventioner (vilket är särskilt relevant för utvecklingsekonomier och kan leda till arbetslöshet), räknas som ekonomiska kostnader men inte som kostnader för företaget eller den skadade arbetstagaren. På samma sätt kan vissa omätbara kostnader som drabbar familjer till skadade arbetstagare (t.ex. rollomvändningar mellan makar) inte direkt ingå i marknadskostnader. Dessa icke-marknadsrelaterade kostnader kan ignoreras i ekonomiska beräkningar, men de är ändå av stor betydelse som en del av de totala samhälleliga kostnaderna.

En kostnads-nyttoanalys inom arbetsmiljö och säkerhet är avgörande för att organisationer ska förstå de ekonomiska konsekvenserna av att implementera säkerhetsåtgärder på arbetsplatsen. Genom att använda strukturerade kalkylverktyg eller analytiska modeller kan organisationer uppskatta effekten av en föreslagen intervention innan den genomförs, vilket underlättar informerade beslut om resursfördelning. Ett av de tidigaste verktygen inom detta område är Ballongmodellen (Johanson & Johren, 2017). Modellen kan användas för att analysera de ekonomiska effekterna av arbetsmiljön genom en analys av avkastning på investeringar (ROI). Inmatningsdata består av personal- och arbetsbladdata samt monetära kostnads- och fördelningsdata kopplade till interventionen. Metoden är uppbyggd i åtta steg och stöds av vägledning och tillämpning i publicerade böcker. En utmärkande egenskap hos modellen är användningen av brainstorming för att identifiera och synliggöra kostnader relaterade till brister i arbetsmiljön samt de motsvarande fördelarna av interventioner. Ballongmodellen ger ett strukturerat ramverk för organisationer att utvärdera arbetsmiljöns påverkan på produktivitet och övergripande prestation. Genom att identifiera kostnader och fördelar med interventioner kan företag fatta välgrundade beslut om hur de ska förbättra arbetsmiljön och maximera sin avkastning på investeringar. Modellen uppmuntrar till samarbete och kreativ problemlösning, vilket leder till mer effektiva lösningar för att skapa en positiv och produktiv arbetsmiljö.

Pan American Health Organization (PAHO) och CERSSO har utvecklat ett verktygspaket som gör det möjligt för chefer och arbetstagare inom textilindustrin att själva identifiera risker och bedöma kostnader och fördelar med att investera i arbetsmiljö och säkerhet (OSH) för att förbättra produktivitet och konkurrenskraft. Verktygspaketet integrerar epidemiologiska data, riskbedömning, kliniska, tekniska och ansvarsmässiga aspekter, organiserade i ett steg-för-steg-träningsprogram som inkluderar: (a)

Utförande av riskbedömningar på arbetsplatser (riskfaktorer), (b) Etablering av orsak-verkan-samband, (c) Förbättrat beslutsfattande kring OSH-interventioner, (d) Beräkning av direkta och indirekta kostnader samt besparingar, (e) Beräkning av den totala kostnads-nyttoanalysen för OSH-interventioner.

Produktivitetsbedömningsverktyget (the Productivity Assessment Tool) erbjuder en strukturerad metod för att genomföra analyser som grundligt utvärderar kostnader och fördelar med att implementera säkerhetsåtgärder. Verktyget är en modell för kostnads-nyttoanalys och fokuserar på anställda samt de kostnader och fördelar deras anställning medför för organisationen. Det vanligaste och enklaste sättet att använda produktivitetsbedömningsverktyget är för att mäta förbättrad kostnadseffektivitet hos anställda efter en intervention. Modellen är tidsbaserad och möjliggör jämförelse mellan situationer "före" och "efter" en åtgärd. I ett fallstudieexempel med hotellanställda, där försäkringspremierna ökade, beräknades interventionskostnaderna till 96 000 USD. Åtgärderna inkluderade förbättrad utrustning och underhåll, förbättrad utbildning, nya arbetsprocedurer och organisatoriska förändringar. Efter interventionen noterades en tydlig minskning av både frekvensen och allvarlighetsgraden av skador, vilket ledde till en betydande sänkning av kostnaderna för arbetsskadeförsäkringar. Dessutom minskade personalomsättningen från 60 % till 40 % per år, och kvaliteten på arbetet ökade markant.

Nettokostnadsmodellen (the net-cost model) är en omfattande modell med fyra grundläggande komponenter i ramverket: (a) Kostnaden för utrustning och arbetskraft som krävs för interventionen räknas som en positiv komponent i kostnadsekvationen. (b) Effektiviteten av interventionen avgör i hög grad värdet av de undvikbara kostnaderna för skador och sjukdomar. (c) Ökad produktivitet uppstår främst genom den tekniska designen av utrustningen. (d) Förflyttning av arbetstagare som kan uppstå till följd av produktivitetsökningen som interventionen medför. De andra och tredje komponenterna bidrar till att minska de faktiska kostnaderna för interventionen genom att de anges som negativa uttryck i bokföringsekvationen, medan kostnaden för omskolning av förflyttade arbetstagare anges som en positiv kostnad ur ett samhälleligt perspektiv. Modellen har testats med data från tre företag inom tillverkningssektorn i USA, där nytta-kostnadsförhållandet (BCR) uppskattades för varje fallstudie. Resultaten varierade från 5,5 (Fallstudie C) till 84 (Fallstudie B), med ett förhållande på 15 för Fallstudie A. Även om fördelarna överstiger kostnaderna i alla fall, är storleken på fördelen i förhållande till kostnaden lägre i Fallstudie C jämfört med Fallstudie A och B.

En ORC-arbetsgrupp utvecklade en metod för att applicera traditionella finansiella analysmetoder på investeringar och beslut inom hälsa, säkerhet och miljö (HS & E). Resultatet av arbetsgruppens arbete är programvaran ORC Return on Health, Safety and Environmental Investments (ROHSEI), ett verktyg som ger en omfattande översikt av investeringsprojekt inom hälsa, säkerhet eller miljö och deras potentiella ekonomiska effekter. ROHSEI-processen består av fyra steg: 1) Analysera problem/möjlighet, 2) Identifiera och undersöka alternativa lösningar, 3) Samla in data och genomföra analyser, 4) Lämna rekommendationer. Enligt utvecklarna har metoden använts i en mängd olika sammanhang, från investeringar i säkerhetsutrustning till rent organisatoriska frågor kopplade till arbetsmiljö. Verktyget finns tillgängligt som ett datorprogram som också erbjuder ett formulär med vägledning för att bedöma dolda kostnader. Sedan dess utveckling har över 200 företag, myndigheter och utbildningsinstitutioner utbildats i ROHSEI-processen och dess programvara.

Ett av de senaste verktygen som utvecklats är det praktiska verktyget ''Workplace Health Savings Calculator'' (Baxter, 2015), som är utformat för att hjälpa australiensiska arbetsgivare att uppskatta potentiella årliga besparingar kopplade till implementeringen av hälsofrämjande program på arbetsplatsen. Kalkylatorn använder effektivitetsmått som frånvaro och personalomsättning samt uppskattade förändringar från arbetsgivarstyrda program för att generera potentiella årliga besparingar för arbetsgivare. Detta verktyg utvecklades genom en omfattande process som inkluderade litteraturöversikter, fallstudier och en granskning av befintliga utvärderingsverktyg och modeller. Kalkylatorn syftar till att erbjuda en enkel och användarvänlig lösning för beslutsfattare som vill utveckla en affärsmodell för att investera i hälsofrämjande initiativ på arbetsplatsen.

Listan över verktyg och metoder som kopplar arbetsmiljö till ekonomiska effekter för företag fortsätter att växa. Dessa verktyg har olika styrkor och begränsningar, och deras användning i organisationer har hittills varit begränsad. I en studie av Rose (2013) identifierades nio verktyg som kopplar arbetsmiljön till affärsresultat genom användning av elva standardiserade kriterier. Verktygen delades in i tre kategorier baserade på deras analysmål: 1) Verktyg för att analysera arbetsmiljörisker och beräkna deras ekonomiska påverkan, 2) Verktyg för att utveckla och utvärdera förslag på åtgärder i kombination med investeringsanalys, 3) Verktyg som enbart fokuserar på investeringsanalys kopplad till arbetsmiljön. Studien noterade att de befintliga verktygen saknar en koppling mellan arbetsmiljöfaktorer och företagets vinstdrivande faktorer. Trots detta erbjuder de användbar ekonomisk information som kan stödja investeringar i arbetsmiljöåtgärder. Det framgår också att det behövs mer forskning för att förbättra metoderna och integrera arbetsmiljöfaktorer i redovisningssystem.

3.2 Hälsoekonomiska metoder

I hälsoekonomiska utvärderingsstudier från ett företagsperspektiv uttrycks nyttan av hälsovårdsinterventioner ofta i monetära förändringar av produktivitet. Det saknas dock ofta produktivitetsdata, vilket gör att kostnader för produktivitetsbortfall istället ofta baseras på antal sjukdagar. Sjuknärvaro används även som en indikator för produktivitetsförändring eller ingår i kostnaderna för produktivitetsbortfall. Andra föreslagna faktorer inkluderar kostnader för att anställa och utbilda ersättare, spridningseffekter bland medarbetare och olika mekanismer som påverkar den totala produktivitetsbortfallen.

Diskussionen kring hälsoekonomiska metoder för att mäta produktivitet och kostnader avslöjar en komplex bild där många faktorer samspelar, men relevansen av dessa faktorer förblir ofta oklar. Den rådande praxisen att uttrycka fördelarna med hälsovårdsinterventioner i termer av monetära produktivitetsförändringar väcker kritiska frågor. Det traditionella fokuset på kostnader kopplade till sjukdagar eller sjuknärvaro, samtidigt som bredare aspekter av produktivitet förbises, framhäver en betydande begränsning. Detta skapar ett behov av att överväga en mångfald av faktorer som påverkar produktivitet, bortom de konventionella måtten.

En grupp experter med över 10 års erfarenhet av arbetsmiljö, frånvaro och arbetsproduktivitet samlades från olika sektorer för en studie som syftade till att skapa konsensusbaserade rekommendationer för att uppskatta kostnader för produktivitetsbortfall relaterat till hälsa ur ett företags perspektiv (Uegaki, 2007). Genom två bedömningsrundor identifierades nyckelfaktorer för korttidsfrånvaro (<2 veckor), såsom frånvarons längd, daglig frånvaronivå, täckning av medarbetare under ordinarie arbetstid, övertid av kollegor och lönekostnader för ersättningsarbetare, som betydande bidragande faktorer till kostnader för sjuknärvaro. För långtidsfrånvaro (>2 veckor) identifierades ytterligare faktorer, inklusive ökad produktivitet hos kollegor, träningstid för ersättare, försäkringspremier och kostnader från missade order och kontrakt. Konsensus betonade att kostnader för sjuknärvaro påverkas av sjuknärvarons varaktighet, minskad prestationsnivå, övertid av kollegor och deras täckning under ordinarie arbetstid. Dessa resultat belyser vikten av faktorer som frånvarons längd och stöd från kollegor vid beräkning av frånvaro- och sjuknärvarokostnader, samtidigt som de avslöjar komplexiteten i långtidsfrånvaro.

Att mäta kostnader för produktivitetsförlust från frånvaro och sjuknärvaro är fortfarande svårt och omdiskuterat inom ekonomiska utvärderingar. Centrala frågor inkluderar vilket perspektiv som används, relevansen av dessa kostnader samt metoderna för värdering. Vissa argumenterar för att ett samhällsperspektiv erbjuder en omfattande bedömning, där produktivitetsförlust både i betalt och obetalt arbete, såsom informell vård, inkluderas. För arbetsgivare som bidrar till sjukförsäkring är produktivitetskostnader avgörande och omfattar förlorade intäkter samt kostnader för rekrytering och utbildning. Att värdera produktivitetsförlust innebär utmaningar, och flera metoder används, som ''friction cost''-metoden, humankapitalmetoden, multiplikatormetoden och kompensationsmekanismer. Den mest lämpliga metoden beror på det specifika arbetsrelaterade tillståndet, de förväntade resultaten av interventionen och tidsramen, exempelvis om tidig pensionering eller arbetsrelaterad funktionsnedsättning beaktas. Detta framhäver behovet av en nyanserad förståelse som integrerar olika intressenters perspektiv samtidigt som komplexiteten i arbetsplatsens dynamik och produktivitet erkänns.

Arbetsgivare ifrågasätter ofta värdet av att investera i förbättringar av medarbetares välbefinnande. För att underlätta sådana bedömningar har hälsoekonomiska kalkylatorer utformats för att beräkna värdet av dessa investeringar. Cost-Effectiveness Analysis (CEA)-kalkylatorn erbjuder en standardiserad metod för att utvärdera kostnadseffektiviteten hos initiativ som förbättrar välbefinnandet. CEA-kalkylatorn, designad för arbetsplatsprogram, jämför kostnader med fördelar som ökad livstillfredsställelse, med ett ramverk liknande det som används inom hälso- och sjukvård. Kalkylatorn analyserar interventionskostnader i förhållande till förändringar i hälsoutfall, där livstillfredsställelse behandlas på liknande sätt som quality-adjusted life years (QALY). Den slutliga beräkningen speglar en villighet att betala för förbättrad livskvalitet, där kostnadseffektiva interventioner ger ökad tillfredsställelse under en definierad tröskel. Arbetsgivare kan anpassa denna tröskel baserat på deras värdering av välbefinnande, med £0 som standard för att nå break-even på investeringar.

Health & Safety Smart Planner är ytterligare ett omfattande verktyg för ekonomisk utvärdering som företag kan använda för att bedöma och förbättra sina insatser inom arbetsmiljö och säkerhet. Verktyget erbjuder flera funktioner för att hjälpa organisationer att beräkna kostnader och fördelar samt utvärdera effekterna av säkerhetsincidenter. Huvudfunktionen är att förenkla beräkningar av incidentkostnader och underlätta informerat beslutsfattande. Genom att beräkna både fördelar och kostnader för föreslagna åtgärder ger verktyget beslutsfattare den information som behövs för att planera insatser för förbättrad arbetsmiljö och säkerhet. Det hjälper också till med prioritering och resursfördelning, vilket bidrar till att främja en kultur av proaktiv riskhantering.

När det gäller utvecklingen av verktyg för att mäta avkastning på investeringar (ROI) lyfter Unsals (2021) översikt fram hur metodologisk variation påverkar slutsatser om ROI i arbetsplatsrelaterade välbefinnandeprogram (WWPs). Översikten analyserade 31 artiklar som inkluderade ROI-mätningar och fann att studier som inkluderade kostnader för sjuknärvaro gav de lägsta ROI-uppskattningarna jämfört med studier som fokuserade på sjukvårds- och frånvarokostnader. Studier med fokus på sjukdomshantering visade högre ROI än välbefinnandeprogram. Dessutom visade analysen ett positivt samband mellan ROI och programmets varaktighet, medan bedömningar i mindre företag rapporterade lägre ROI än i större företag. Studier med lägre rapporteringskvalitet hade lägre ROI, medan studier med högre metodologisk kvalitet ofta visade lägre ROI-resultat. För att hantera denna metodologiska variation har verktyg som Mental Health Promotion ROI Tool och H-Work Economic Calculator utvecklats för att standardisera och förbättra mätningarna av ROI på arbetsplats insatser.

3.3 Rationellt beslutsfattande

Inom den neoklassiska synen på ekonomi antas prisbildning ske baserat på utbud och efterfrågan. Företag förmodas basera sina ekonomiska beslut på marginalintäkter och dito kostnader och den enskilde individen antas grunda sitt agerande på marginalnytta. Det finns många skäl till varför ekonomisk kalkylering sker. I den era av ekonomism som präglar vår samtid är det ganska självklart att ekonomiska beräkningar genomförs. Kostnadsberäkningar kan behöva ske vid upprättandet av budgetar. De senare behöver också följas upp. Vid förändringar kan också kostnads/intäktskalkyler behöva iordningställas. Det kan vara i form av enkla pay off-kalkyler, d.v.s. hur snabbt en satsning (investering) kan tjänas in. Det gemensamma syftet med alla former av ekonomiska kalkyler är i regel att de ska användas som grund för beslutsfattande.
Inom neoklassiska teorier bygger beslutsfattande på ett ontologiskt grundantagande om verkligheten som objektivt existerande. Vid kalkylering är utgångspunkten att kunskap om alla möjliga alternativ kan inhämtas.

Konsekvenserna av alla alternativ kan också förstås och uttryckas ekonomiskt. Genom konsekvensberäkningarna kan preferensordningen mellan alternativen fastställas i enlighet med de beslutsregler som gäller. Beslutsreglerna kan vara av olika slag. Inom näringslivet är en vanlig regel att välja det alternativ som ger bäst ekonomisk avkastning alternativt det alternativ som är minst riskfyllt.

Följande sekventiella metod är ett enkelt förslag på hur en kalkyl kan upprättas (Johanson och Johren, 2017)

✓ Formulering av det problem/den åtgärd som är tänkt att vidtas
✓ Kartläggning av handlingsalternativ
✓ Beskrivning av konsekvenser av varje handlingsalternativ
✓ Kvantifiering/prissättning av konsekvenserna
✓ Kalkyl
✓ Känslighetsanalys (Vad händer om vissa antaganden ändras)
✓ Beslut

Beslutsprocessen och alla antaganden som ligger bakom kalkylen bygger på en föreställning om beslutsfattaren som en "economic man". En sådan antas ha tillgång till fullständig och perfekt information i varje situation. Denne genomför också sin beslutsprocess i perfekt överensstämmelse med beslutsunderlaget. Att verkligen kunna beräkna och förutsäga alla möjliga konsekvenser av en viss handling och samtidigt kunna jämföra detta alternativ med alla andra möjliga alternativa handlingar och dess tänkbara konsekvenser är dock nästan aldrig möjligt (March och Sevon, 1988). Antagandet om economic man har därför kritiserats (Ibid). Även själva antagandet om preferenser mellan olika beslutsalternativ har ifrågasatts.

Kritikerna menar att "bounded rationality of firms", som bygger på satisfiering i stället för optimering av beslut är ett mer relevant antagande än ett rationellt beslutsfattande. Ett satisfierande beslut kan vara resultat av att större hänsyn tas till risk än möjlighet i samband med ett beslut. Trots kraftfulla invändningar mot såväl rationellt beslutsfattande som economic man lever, märkligt nog, iden om de båda antagande kvar. Innebörden av rationellt beslutsfattande kan, som framgår av vårt resonemang diskuteras. Fromm (1976) menar att ekonomer oftare har en snävare syn på begreppet än psykologer. Ekonomerna är inriktade ett snävt objektivt medan psykologerna tar hänsyn till såväl kontext som lärande och har därmed en mer nyanserad och bredare uppfattning om beslutsfattande.

Det problematiska med tanken om rationellt beslutsfattande kan åskådliggöras med följande beslutsexperiment. Under 1970- och 80-talen genomfördes ett ganska stort antal beslutsexperiment främst i USA inom fältet Human Resource Accounting (HRA), i Sverige och även i Norge kallat personalekonomisk redovisning och kalkylering. Begreppet och de metoder som föreslogs handlade om att med hjälp av kalkyler synliggöra ekonomiska konsekvenser av allt som hörde till de anställda och deras väl och ve (t.ex. rekrytering, utbildning, arbetsmiljö, sjukfrånvaro, hälsa mm). Syftet med experimenten var att se om ekonomiskt inriktad HRA-information påverkade försökspersonernas beslutsfattande. Försökspersonerna var oftast chefer eller ibland studenter. Experimenten visade att i regel, men inte alltid, fanns det ett samband. En liknande studie genomfördes också i Sverige (Johanson och Nilsson, 1990). Även denna studie visade att beslut ändrades. Dessutom ansåg sig de chefer som var försökspersoner vara säkrare med den personalekonomiska informationen än utan densamma.

Beslutsexperimentet följdes av en studie av chefers lärande på individnivå (Johanson, 1992). Studieresultaten bekräftade beslutsstudien. Ytterligare en studie gjordes. Denna gång av organisatoriskt lärande, d.v.s. om förändringar i organisatoriska vanor kunde spåras till användning av personalekonomiska verktyg. Svaret blev nej (Johanson och Nilsson, 1995). D.v.s studier av lärande indikerade att även om enskilda chefer var mycket positiva till och lärde sig av personalekonomiska beräkningar var det mer tveksamt om organisatoriska lärprocesser kommit igång (Johanson, 1999).

En fråga som uppstår är varför chefer men inte organisationen har lärt sig. Om cheferna lärt sig borde det väl också avspeglas i det organisatoriska lärandet. En fjärde studie genomfördes inom sju svenska organisationer (Johanson, 1999) med avsikten att försöka hitta faktorer som verkat återhållande på den organisatoriska lärprocessen. De slutsatser som drogs var att brister i utbildning om personalekonomi liksom brister i organisationens informationssystem, bristfälliga personalekonomiska mål, obefintliga belöningar för uppnående av mål, otydlig efterfrågan från verksamhetsledningen samt en bristande öppenhet i organisationskulturen verkat hämmande på den organisatoriska lärprocessen. Eftersom invanda handlingsmönster i en organisation till största delen är baserade på vanor är det kanske inte så konstigt att någon större förändring inte sker. Det normala är att man fortsätter att göra som man alltid gjort. För att bryta det vanemässiga handlandet krävs kunskap om nya alternativ, motivation att ändra sitt handlande samt ansvar för det som handlingen avser att påverka (Weick och Swieringa, 1987).

I de tre mest ambitiösa av de sju fallen påverkades kunskapen genom att utbildning i personalekonomi genomfördes på ett framgångsrikt sätt och genom att tidredovisnings-, personalinformations- och redovisningssystemen justerades. Detta fick en klar effekt på motivationen men personalekonomiska mål integrerades aldrig i verksamhetsstyrningsprocessen. Efterfrågan från toppledningen var svag och andra delar av belöningssystemen förändrades inte heller. Organisatoriskt lärande initierades men det är tveksamt om de organisatoriska vanorna verkligen ändrades (Johanson, 1999). Kunskap ledde möjligen till handling på individnivå men inte på organisatorisk nivå.

Baserat på denna studie kan ett antal frågor resas; Varför var toppledningens inställning ambivalent trots att de själva var positiva till personalekonomi och startat förändringsprojekt med personalekonomiskt innehåll? Varför formulerades aldrig personalekonomiska mål trots att personalen ansågs vara den viktigaste resursen? Och till sist; Varför integrerades aldrig personalekonomi i verksamhetsstyrningen trots att syftet var att implementera personalekonomi i organisationen? Var finns svaren på dessa frågor?

Studien är troligen inte tillräcklig för att förstå varför inte förändring sker. Kanske kan förståelsen utvecklas om studien också handlat om att studera makt och dess motsats d.v.s. motmakt. Motmakt uppstår och sker på olika sätt i den vardagliga praktiska verksamheten. Motmakten kan vara av många olika slag. När det gäller arbetsmiljöfrågor kan det t.ex.

handla om att använda en handske som avser att skydda mot skador men är så klumpig att den försvårar arbetet som ska utföras. Det kan också vara så att t.ex. nya administrativa rutiner försvårar förändringar eller att motstånd mot förändringar "sitter i väggarna" d.v.s. kolliderar med existerande kultur. Att förstå orsaken till motmakt blir alltså viktigt i allt organisations- och ledningsarbete icke minst när det gäller arbetsmiljö.

4. Ekonomiska beräkningar och organisationsstyrning

Vår boks grundläggande tema är att arbetsmiljöfrågor och hälsa på arbetsplatsen har varit och är i en icke önskvärd grad särkopplat från organisationers olika ledningssystem t.ex. kalkylerings-, redovisnings- och ekonomistyrningssystem. Den ekonomiska redovisningen är till stor del styrd av lagar, regler och traditioner som föreskriver vad som ska/kan avbildas i bokföringen. Frågor om människan t.ex. hennes hälsa och kompetens samt om t.ex. organisationskultur och traditioner syns oftast inte i den ekonomiska redovisningen. Psykologiska eller sociologiska perspektiv avseende bokförings- och kalkyleringsprocesser liksom besluts- och styrningsprocesser d.v.s. individers och gruppers beteende beaktas ibland men oftast inte. Hur kan det ha blivit så trots att ekonomi i väsentlig grad handlar om beteende? Detta är centrala frågor som kan medföra att det `rationella´ beslutsfattandet avsevärt försvåras eller omöjliggörs. En kort genomgång av den ekonomiska redovisningen och dess koppling till organisationsstyrning kan därför vara på plats.

4.1 Ekonomisk redovisning och styrning

Ekonomiska kalkyler iordningställs ibland, men oftast inte, som ett led i att fatta ekonomiskt rationella beslut. På så sätt kan kalkyler ibland vara viktiga i beslutsprocessen, kanske främst som ett led i lärandet för att förstå konsekvenser av olika handlingsalternativ. Den ekonomiska redovisningen, som presenteras i resultaträkningar och som visar den gångna periodens intäkter, kostnader och vinst/förlust är viktiga som underlag för lärande, beslut och organisationsstyrning. Även balansräkningen som visar tillgångar och skulder vid periodens slut kan vara ett viktigt underlag.

Förutom kalkyler har den vanligaste tillämpningen av personalekonomin varit användning av s.k. personalresultaträkningar och nyckeltal. Syftet med att iordningställa en personalresultaträkning är att tydliggöra kostnader för olika personalrelaterade frågor, t.ex. sjukfrånvaro, personalomsättning och kostnader för rehabilitering och utbildning. Det kanske mest uppmärksammade exemplet som publicerats, är från Volvo

Torslandaverken år 1989 då kostnaderna för såväl sjukfrånvaro som personalomsättning visade sig vara alarmerande höga. För att bättre förstå de ekonomiska konsekvenserna inom karosseritillverkningen omfördelades därför de bokförda personalkostnaderna på ett helt nytt sätt i resultaträkningen. Se följande figur 2.

Intäkter och kostnader	Mkr
Intäkter	504
leverantörskostnader	-96
kalkylmässiga avskrivningar	-110
= Förädlingsvärde	298
totala personalkostnader	-316
varav:	
personalomsättningskostnader	-47
sjukfrånvarokostnader	-47
personalsociala kostnader	-17
vidareutbildningskostnader	-7
personalkostnader för produktion	-198
= Förlust	-18

Figur 2. *de ekonomiska konsekvenserna inom karosseritillverkningen*

En slutsats blev att kostnaderna för vidareutbildning och personalsociala frågor ansågs nödvändiga till skillnad från kostnaderna personalomsättning och sjukfrånvaro. De senare uppgick till inte mindre än 30 % av de totala personalkostnaderna. Dessa onödigt höga kostnader behövde inte sänkas mycket för att omvandla en förlust till vinst. Genom synliggörandet av kostnaderna fick de bakomliggande problemen stor uppmärksamhet. Kostnaderna sänktes genom en rad olika åtgärder.

Grunder till dagens ekonomiska redovisning hittar vi i slutet av 1400-talet och Italien. Införandet av dubbel bokföring utvecklades i samband med att handeln omkring Medelhavet blomstrade och en mängd handelshus växte fram. Den ökande handeln medförde dels en ökande användning av pengar och en alltmer spridd praxis att ge kredit. Bokföringen användes av handelshusägarna som ett hjälpmedel för att försöka hålla ordning på den ständigt ökande mängden transaktioner i form av köp och försäljning av varor, men också in och utlåning av pengar. Redovisningen var på detta sätt tydligt marknads- och ägarinriktad (Johanson & Skoog, 2007).

Under en längre period utvecklades redovisningen och dess användningsområden inte nämnvärt. Det var först i samband med industrialiseringen som en förändring skedde. Anledningen till denna förändring berodde till stor del på nya sätt att äga och organisera företag. Från att tidigare ha karakteriserats av en relativt enkel ägarstruktur fick nu företagen ofta flera olika ägare. Detta innebar att redovisningen inte längre bara fungerade som ett instrument för den ensamme ägaren utan även för flera andra ägare som kanske inte hade samma insyn i verksamheten. Om ledningen förvaltat "pundet" enligt ägarnas intresse skulle gå att utläsa i företagets räkenskaper (Johanson och Skoog, 2007).

Samtidigt som redovisningen skulle ligga till grund för ledningens förvaltningsansvar ökade också behovet av att hitta hjälpmedel för att synliggöra och i förlängningen påverka även den interna verksamheten i företagen. Detta behov var främst grundat i företagens allmänna storlekstillväxt. Från att tidigare ha karakteriserats av att vara relativt enkla blev företagen i snabb takt allt svårare att få en bild av bara genom att gå ner i fabriken eller genom att granska den information ägarna krävde av ledningen. Eftersom de som drev företagen allt oftare inte hade något med ägandet att göra och kontinuerligt blev påminda om sitt förvaltningsansvar, ökade behovet av att på ett tydligt sätt känna att man hade kunskap om varför saker och ting såg ut som de gjorde i företaget. Under förutsättning att metoder utvecklades för att på ett systematiskt sätt skaffa sig denna kunskap fanns också möjligheten att på ett mer välgrundat sätt påverka företagets interna verksamhet till gagn för hela verksamheten.

Behovsgrunden för en internt inriktad redovisning som på något sätt tydliggjorde och visualiserade olika organisatoriska samband var därmed lagd. Detta kom senare att kallas "management accounting" (Johanson och Skoog, 2007).

Utvecklingen av internredovisningen under 1900-talet går grovt sett att dela in i fyra faser (Miller, 2003). Under den första fasen mellan 1900 - 1920 utvecklades förkalkyler och idén om standardkostnader för olika typer av produktion. Detta möjliggjorde beräkning av vad ett projekt skulle kosta innan den faktiska produktionen sattes igång. Från att tidigare till stor del ha gissat sig till de slutliga kostnaderna för ett projekt kunde man nu på ett mer precist sätt beräkna vad en investering skulle kosta. Användandet av standardkostnader vid produktion möjliggjorde också för första gången resonemang om effektivitet. Dessa beräkningar baserade sig på jämförelser mellan standardkostnaden och den verkliga kostnaden. Som en följd av gjorda effektivitetsmätningar möjliggjordes också effektivitetsberäkningar på individnivå. Normer och standarder för individuell prestation växte fram och sättet att styra verksamheterna blev mer detaljerad. Den anställdes väl och ve underordnades företagets effektivitet.

Under den andra fasen blev internredovisningen allt mer ansedd som ett viktigt instrument för höga chefers beslutsfattande. Man försökte hitta samband mellan kostnader och olika typer av verksamhetsbeslut. Tanken om fasta, rörliga och marginalkostnader väcktes. Dessa tankar operationaliserades genom beräkningar av kostnads/vinst, "break even" och återbetalningstid. Järnvägen i såväl USA som Europa stod ofta som exempel på vad som menades med marginalkostnader. Detta hängde ihop med att man hade insett att ökad trafik på järnvägarna nästan inte medförde några extra kostnader. I Europa var det många som förordade ett fokus på rörliga och marginalkostnader med motiveringen att det var dessa som gick att göra något åt och därmed gick att styra. Resultatet blev således att medvetenheten om olika kostnader blev centralt i allt fler beslutssituationer.

Under den tredje fasen från 1950talet fram till 1980talet förstärktes rollen för ''management accounting''. Ivriga försök gjordes att göra framtiden beräkningsbar. Budgetar blev också allmänt förekommande. Under slutet av 1950-talet och fram till och med 1970-talet hamnade kopplingen mellan tid och investeringar (i pengar) i fokus (Johanson och Skoog, 2015). Tanken att en given summa pengar är mer värd idag än vid en framtida tidpunkt väcktes. Olika former av resonemang kring diskonteringar blev därmed allt mer centrala vid beslut om större investeringar. Resonemang kring återbetalningstid kom att allt mer ersättas med diskonterade kassaflödesanalyser.

Under 1970-talet bidrog Anthony Hopwood (1974) till att flytta den ekonomiska redovisningens roll som neutralt och objektivt instrument för rationell kalkylering och beslut till ett mycket bredare perspektiv som beteendepåverkare. Hopwood gjorde bl.a. en uppmärksammad studie om hur budgetars kvalitet påverkades av anställdas delaktighet i budgetprocessen. Redovisningens gränser utvidgades också på många andra sätt. Tankar spreds mycket hastigt om att redovisningen borde utvidgas till nya områden som t.ex. personalekonomisk redovisning, social redovisning (Gröjer & Stark, 1978) och miljöredovisning (Gray m.fl., 1995). Vi återkommer till detta i nästa avsnitt.

I samband med den fjärde och sista fasen, som kan sägas inledas i slutet av 1970-talet, tilltog tveksamheten mot användningen av den interna redovisningen. Den ansågs ha förlorat sin relevans (Johnson och Kaplan, 1991). Många anser att fokuseringen på finansiella siffror har skapat ett allt för kortsiktigt fokus på reducering av kostnader istället för att se till verksamhetens långsiktiga överlevnad. Fokuseringen på finansiella nyckeltal anses också ha skapat ett glapp mellan de personer som sitter i beslutsfattande positioner inom företag och den operativa verksamhet som bedrivs (Johanson & Skoog, 2007). Johnson och Kaplan (1991) menade att redovisningen, hade blivit ett filter mellan olika aktörer inom en organisation och att abstrakta ekonomiska analyser i allt större omfattning ersatte faktisk kännedom om den verksamhet som bedrevs.

4.2 Intressentorienterad redovisning och styrning

Den gamla traditionella företagsekonomiska redovisningen och styrningen har, såsom den lärts ut och tillämpats i decennier och på vissa sätt i sekler, kritiserats för att ha blivit alltför monetärt fokuserad, abstrakt, historiskt inriktad och inriktad mot materiella resurser (bl.a. Johanson & Skoog, 2007). Även p.g.a. detta anses den av flera ha förlorat i relevans (bl.a. Kaplan & Johnson, 1987). En annan kritik har varit att den företagsinterna redovisningen från att ha varit helt orienterad mot att tillfredsställa företagsledningens informationsbehov sedan 1960-talet allt mer utformats för extern rapportering till aktieägarna oavsett om dessa är stora institutionella placerare (som t.ex. försäkringsbolag och pensionsfonder) eller enskilda privata aktieägare.

Detta har ändrats under de senaste decennierna. Hänsyn brukar numera tas även till flera andra intressenter som anställda, fackföreningar, kunder, långivare, det omgivande samhället och alla andra intressenter av ett företags verksamhet. Perspektivet lyfter fram värderingar och etik när det gäller företagande. Intressentperspektivet fick relativt stort utrymme under 1960- och 1970talen. Under 1970-talet framhölls t.ex. att påståendet att ett företags främsta mål är vinstmaximering faller på sin egen orimlighet (Meynert, 1974). Det är snarare så att företag har flera mål. Dessa varierar mellan företagens intressenter. Mellan och inom intressentgrupperna finns såväl samstämmiga intressen som konflikter. Även om t.ex. ägare, ledning och anställda ofta har intresse av ett företags överlevnad kan fördelningen av mervärdet som skapas i företaget var åtskilt mellan intressenterna. Intressekonflikter och målkonflikter kan också finnas med avseende på tidsperspektiv. Det senare är särskilt aktuellt när det gäller sociala hållbarhetsfrågor.

Edward Freeman (1984) definierar begreppet intressent som varje grupp eller individ som kan påverka eller påverkas av en organisations mål och verksamhet. Enligt Freeman syftar intressentperspektivet till att bättre förstå de komplexa relationer som finns mellan ekonomiska och sociala krafter. Om vi isolerar sociala frågor från det ekonomiska perspektivet och tvärtom så missar vi helheten, vilket är mycket viktigt när det gäller all företagsstyrning. Idag har Freemans teorier utvecklats vidare och handlar bland annat också om hur intressenter kan engageras i företagets långsiktiga värdeskapande (Morsing och Beckmann, 2006). En förflyttning har alltså skett i riktning mot en mer pluralistisk ekonomi.

Intressentidén låg som bärande grundidé bakom social redovisning (Gröjer & Stark, 1978). Grundidén handlade om att företag borde i sin externa rapportering ta större hänsyn till dess olika intressenter bland annat genom att komplettera den ekonomiska, finansiella informationen med icke-finansiell information. Den senare fick större utrymme än tidigare och riktades till bl.a. kunder, intresseorganisationer av olika slag (t.ex. miljöorganisationer) och fackliga organisationer. Social redovisning väckte stor uppmärksamhet i bl.a. Sverige och sociala rapporter publicerades under några år av stora svenska företag. Ett annat, kanske mer intressant, exempel var de rapporter som publicerades av den Schweizisk detaljhandelskedjan Migros på 1970-talet (Henningsson & Johanson, 2020). Migros använde den sociala redovisningen som ett instrument i sin interna styrning av personalpolitiken. I den externa sociala rapporten 1977 framhöll de, under huvudrubriken anställda, principen om lika lön mellan könen. I rapporten konstateras att företaget inte lever upp till lika-löns-principen. Genom att publicera detta avsåg företagsledningen att påverka genomförandet av lönepolicyn internt inom organisationen (Johanson & Aboagye, 2020).

Gröjer & Stark (1978) framhöll också möjligheten att använda begreppet mervärde (förädlingsvärde) som ett alternativt vinstmått. Mervärdet definieras som skillnaden mellan försäljningsintäkter och kostnader för produktion. Personalkostnaderna subtraheras alltså inte från intäkter. Mervärdet, som skapas i ett företag ger uttryck för vad som kan fördelas mellan ägare, som ersättning för investerat kapital och anställda, som ersättning för sin insats som arbetskraft. Till skillnad från andra vinstbegrepp är mervärde eller förädlingsvärde fördelningsneutralt mellan ägare och anställda. Med andra ord begreppet förädlingsvärde eller mervärde är konstruerat ur ett intressentperspektiv.

Kostnadskalkyler och kostnads/intäktskalkyler relaterade till arbetskraften var egentligen inte något nytt. Som vi tidigare skrivit har sådana kalkyler gjorts sedan lång tid tillbaka. Syftet med kalkylering avseende arbetskraften var ofta att öka lönsamheten för verksamheten och i slutändan för kapitalägaren. Enligt Heinrich (1980) gjordes beräkningar av olycksfallskostnader redan på 1920-talet. Fortsatta empiriska studier av Heinrich visade att de indirekta kostnaderna var väsentligt större än de direkta. De synliga, d.v.s. de direkta kostnaderna var bara toppen av ett isberg.

Heinrichs och andras förflyttning av den ekonomiska redovisningens gränser fortsatte när det gäller arbetskraften. Hermansson menade (1964) att värdet av personalen borde belysas i balansräkningen (Human Asset Accounting). Denna idé var visserligen inte ny (se tidigare kapitel), men idén fick starkt fäste bland annat p.g.a. servicesektorns och professionella idrottsklubbarnas starka tillväxt och betydelse. Idéerna vidareutvecklades av under benämningen Human Resource Accounting. Syftet var att i den ekonomiska redovisningen synliggöra anställdas betydelse som resurs i organisationens värdeskapande. Det handlade om flera olika sätt att synliggöra resursen personal. Flamholtz (1985) menade att det inte var kalkyleringsprecision som var det viktiga utan att tänka ekonomiskt avseende personalen. De vanligaste kalkylerna avseende såväl kostnader som intäkter handlade om brister och/eller investeringar i personalresurser, t.ex. avseende kompetens eller hälsa, men också mer specifikt kring personalomsättning, sjukfrånvaro, hälsofrämjande åtgärder m.m. Behovet av kalkyleringsstudier framfördes ofta av sociologer och psykologer. Denna genre, `utility analysis´, som ofta genomfördes av amerikanske forskare, växte sig stark under 1970-talet (Boudreau, 1991). Bl.a. gjordes kalkyler avseende rökning och dess konsekvenser (Cascio, 1983).

Oberoende av utvecklingen i USA (och för övrigt även Frankrike), men drygt ett decennium senare, lanserades i Sverige under 1980-talet förslag att brister inte bara i arbetsmiljön utan även i organisatoriska frågor som påverkade anställda borde i högre grad än vad som varit fallet underbyggas av kalkyler (Gröjer & Johanson, 1984; Johanson & Johrén, 2017). Detta kom att kallas Personalekonomi och inkluderade såväl kalkylering som ekonomisk redovisning. Utvecklingen startade i Sverige och spriddes senare i viss utsträckning till de andra nordiska länderna t.ex. Danmark och Norge. I Finland kopplades personalekonomi ihop med en förväntad arbetskraftsbrist. Idén var att använda penningspråket för att uppnå förändring. Intressentgrupperna blev många t.ex. ägare, ledning, anställda, fackföreningar, företagshälsovård, samt universitetslärare och studenter. De personalekonomiska idéerna mottogs väl i såväl Sverige som Finland (Johanson och Mabon,1999). Även i USA fanns ett ganska stort intresse för det som hände i Sverige (Flamholtz et al, 2020).

Som en följd att den uppmärksamhet som personalekonomi rönte intresserade sig en särskild arbetsmiljökommission i Sverige att ändra relevant lagstiftning för aktiebolag. Den svenska regeringen utredde frågan om en ny laglig skyldighet att upprätta personalekonomiska bokslut som komplement till årsredovisningen (Arbetsmarknadsdepartementet, 1991). Tanken bakom detta var att med hänsyn till intressentgruppen anställda minska ohälsan på arbetsplatsen. Detta skulle ske genom en särredovisning i resultaträkningen av kostnader för sjukfrånvaro, personalomsättning och andra personalkostnader i form av utbildning, rehabilitering mm. Krav på personalekonomiskt bokslut föreslogs ske i bolag med minst 100 anställda. Iden om personalekonomiska bokslut baserades på den modell som utvecklats och prövats inom bl.a. Volvo (se ovan) (Gröjer och Johanson, 1991). Trots ett stort intresse genomfördes förslaget inte. Vissa remissinstanser motsatte sig lagstiftning. Dessutom var Sverige på väg in i EU.

Trots det uppseendeväckande stora intresset för personalekonomi, började intresset under 1990-talet att svalna. Många organisationer iordningställde personalekonomiska bokslut men denna verksamhet krockade med redan etablerade vanor och rutiner. Bokföringen och ekonomistyrningen blev motkrafter till förändringen (Johanson, 1999). Bokföringen och den rutinmässiga ekonomistyrningen förändrades inte. Den intensiva kalkyleringen av t.ex. sjukfrånvaro och personalomsättning hade dock lämnat avtryck hos chefer. Medvetenheten om lönsamhetspotentialen avseende effekter av dålig arbetsmiljö hade ökat väsentligt.

HRA och personalekonomi byggde alltså på idén att utvidga gränsen för den traditionella ekonomiska redovisningen d.v.s. att tillämpa det ekonomiska penningspråket när det gäller personalfrågor. Ibland handlade det om att se personalen som en intressent som är lika viktig som andra intressenter men i andra situationer var det frågan om att belysa personalen som en produktionsresurs som i likhet med andra resurser bör nyttjas effektivt för att uppfylla ägarnas och ledningens visioner, strategier och mål. I en skrift från 1987 skriver Johanson att en "del människor har ett ekonomiskt tänkande, andra har det inte. … Tyvärr är det dock så att det ekonomiska tänkandet är mest inriktat på maskiner, inventarier, fastigheter etc…. Sällan stöter vi på ekonomiskt tänkande inom det mänskliga området." D.v.s. den ekonomiska kalkyleringen och redovisningen kan ur ett etiskt perspektiv ha två helt olika syften. Den etiska kluvenheten kommer vi att problematisera i ett senare kapitel. Utvecklingen av HRA och personalekonomi från 1960-talet till nutid finns beskrivet och analyserat i Flamholtz m.fl. (2020).

Som vi tidigare skrivit menade många att redovisningen förlorat sin relevans. Detta ledde till att Kaplan & Norton (1992) i början av 1990-talet lanserades en intressentinriktad idé om att företag borde styras internt med hjälp av balanserade styrkort. Ordet balans syftar på vikten av balans mellan fem perspektiv. Det finansiella perspektivet bör enligt förslagsställarna kompletteras med aspekter avseende kund- och marknadsrelationer, produktionsprocesser samt förnyelse och innovation. Senare tillkom också ett personalperspektiv (Olve m.fl., 1997). Det är dock bara en försiktig perspektivförskjutning i riktning mot ökad hänsyn till kunder och anställda. Trots att balansen mellan de olika perspektiven underströks förblev det finansiella det dominerande perspektivet (Johanson et al 2004). Även om det balanserade styrkortet framför allt var tänkt att användas som underlag för ledning av verksamheten kom det också att användas i extern information. T.ex. kom många kommuner och även myndigheter att använda det som en del i medborgarinformationen. I dessa sammanhang blev intressentperspektivet tydligare.

Idén om Intellektuellt kapital lanserades ungefär samtidigt som balanserade styrkort. Intressentgrupperna var framför allt ledning, ägare och anställda bland vilka ledingen vägde tyngst. Det intellektuella kapitalet brukade klassificeras i humankapital, strukturkapital och relationskapital (Meritum, 2002). Vikten av icke-finansiell information underströks ytterligare bland annat p.g.a. att aktiebolagens börsvärde ökat mycket starkare än deras substansvärde (d.v.s. det som återspeglas i bokföringen). Vissa länder försökte införa frivilliga normer för hur en extern rapport av intellektuellt kapital borde se ut. Exempel på detta är Danmark (Mouritsen et al, 2001) och Japan (Johanson och Koga, 2014). I dessa normeringsförsök betonades den finansiella och icke-finansiella informationens koppling till verksamhetens ledning i form av bl.a. visioner, strategier, mål, riskfaktorer och uppföljningar. Förutom ledning och ägare var kunder och potentiella anställda viktiga målgrupper.

Även om de icke materiella resurserna som diskuteras under rubriken Intellektuellt kapital är av avgörande betydelse för en organisations framgång såväl ekonomiskt som på andra sätt, förändrades inte normerna för vad som betraktas som en tillgång i en organisations balansräkning. En tanke var att t.ex. kompetens borde kunna betraktas som en ekonomiskt värderingsbar tillgång. Efter att grundligt ha utrett saken beslöt internationella normsättande organ att även fortsättningsvis vara försiktiga när det gäller att tillåta en ekonomisk värdering av icke materiella tillgångar i balansräkningen. Detta bygger såväl på gamla traditioner som en definition av ekonomen Irvin Fischer år 1911. Denne menade att ekonomi handlar om ''the science of wealth'' och wealth i sin tur definieras som ''material objects owned by human beings'' (Blair och Wallman, 2001, sid 10).

4.3 Social hållbarhet genom hälsobokslut

Efter millennieskiftet ökade trycket på företag att avge en extern hållbarhetsredovisning som komplement till den finansiella redovisningen. Men det saknades gemensamma standarder och riktlinjer för att identifiera, samla och redovisa verksamhetens sociala och miljömässiga påverkan. Ett ideellt intressentnätverk med ursprung i Boston föreslog därför en redovisningsstandard, som de kallade för Global Reporting Initiative (GRI) och som sedan blivit normgivande för globala företag. De senare börjar nu i ökande utsträckning att publicera omfattande hållbarhetsrapporter.

Freeman (1984) menar att vi behöver ett nytt sätt att se på företagande som inte primärt handlar om att skapa pengar och vinst åt aktieägarna. Pengar är avgörande för ett företag men problem uppstår när det är det enda syftet. Det legitimerar ett självintresse där företagandet sätter sin egen vinst framför andra intressentgruppers behov. Penning- och vinstskapandet leder till ett motsatsförhållande mellan aktieägare och företagsledningar å den ena sidan och andra intressenter å den andra. För att intressentperspektivet ska behålla sin moraliska mening måste alla intressenter ses som likvärdiga. Aktieägare kan inte ställa större krav än andra intressenter och hållbarhetsfrågor kan inte heller drivas utan att tillmötesgå aktieägarnas avkastningskrav. Organisationens ledning måste tillfredsställa en rad olika krav från olika intressenter när det gäller såväl verksamhetsmässiga som finansiella resultat.

I Global Reporting Initiative (GRI), som också blivit den standard för hållbarhetsredovisning som fått störst internationell spridning, framhålls företagens dialog med intressenter som den metod som ska användas för att definiera vad som är väsentligt att rapportera om. Den redovisande organisationen bör därför identifiera sina intressenter och förklara i redovisningen hur organisationen har hanterat deras förväntningar och intressen. Intressenter definieras som andra organisationer eller personer som kan påverkas väsentligt av organisationens aktiviteter, produkter och/eller tjänster, och vars handlingar kan påverka organisationens möjligheter att framgångsrikt genomföra sina strategier och uppnå sina mål. Med intressenter menas också enheter eller personer vars rättigheter enligt lag eller internationella konventioner ger dem grund att ställa krav gentemot organisationen. Intressenter kan vara de som har finansiella intressen i organisationen (t.ex. anställda, aktieägare och leverantörer) likaväl som de som finns utanför organisationen (t.ex. samhället).

När det gäller alla begrepp och idéer, som vi tar upp i detta kapitel är det egentligen svårt att datera uppkomsten av idén. Detta gäller även Corporate Social Responsibility (CSR), d.v.s. tanken om företags sociala ansvar och engagemang i, samt rapportering av hållbarhetsfrågor (ekologiska och sociala). Begreppet CSR dök för första gången upp år 1953 (Bowen, 1953). Bowen ställde frågan vilken typ av ansvar företag rimligen kan förväntas ha i förhållande till samhället. Han presenterade en sammanhållen diskussion om affärsetik och socialt ansvarstagande med inriktning på strategisk planering och företagens beslutsfattande. Men socialt ansvarstagande i sig var ingenting nytt på 1950-talet, utan hade förekommit i olika former sedan industrialismens början och expansion i västvärlden under 1800-talet. Den tidiga formen av socialt ansvar hade ofta karaktär av filantropi. Vi kommer senare i boken att beskriva och diskutera Mo och Domsjö AB's sociala ansvar under slutet av 1800- och början av 1900-talet. Den dåvarande ledningen ansåg säkert, och med viss rätt, att de tog ett stort ansvar när de uppmuntrade arbetareföreningar att diskutera inte bara anställningsvillkor utan även produktionsfrågor. Frågan är bara varför man gjorde det. För att mota fackföreningsrörelsen i grinden eller…?

Hursomhelst tog CSR fart i samband med de miljödiskussioner som skedde i slutet av 1960-talet. CSR liksom social redovisning kom då definitivt upp på agendan. Även om begreppen varken är entydiga eller väldefinierade har de påverkat diskussionen om företagens roll i samhället. En viktig grundbult i CSR-agendan är intressentperspektivet. CSR innebär att ansvar inte bara är riktat mot ägare utan även mot andra intressenter som medarbetare, underleverantörer, intresseorganisationer och samhällsinstitutioner. För att få effekt i hela värdekedjan behöver CSR integreras i den interna verksamhetsstyrningen.

Hållbarhetsansvar är relevant för såväl privata som offentliga organisationer. Ekologiskt, socialt och ekonomiskt hållbarhetsansvar (eller man så vill hushållningsansvar) kan förhoppningsvis uppnås genom såväl en öppen kommunikation med alla organisationens intressenter som en inkluderande och genom en effektiv intern styrning.

Affärsmodellen är det instrument som binder samman det interna och det externa perspektivet. Noland och Philips (2010) menar att kommunikationen ska bygga på erkännande, respekt och samarbete. Det handlar om att överge ett synsätt på företagsledningen som agenter vilka agerar utifrån sina egna intressen och inte utifrån andra intressenters önskemål (Jensen och Meckling, 1976). Företagsledare försöker att hitta olika sätt att slippa bli övervakade, vilket i sin tur ger upphov till mer övervakning och kontroll. De externa intressenternas samverkan sinsemellan och med företagsledningen bör i stället vara engagerad, förtroendefull och öppen för interventioner (Bebbington m.fl., 2007). För att kunna främja kollektiv och långsiktig hållbarhet bör styrningen stödja samordningen mellan ledningen, aktieägarna och de övriga intressenterna (Donaldson, 1990) med avseende på alla de tre hållbarhetsområdena.

I början av 2000-talet sköt sjukskrivningstalen i höjden. Tjänstemännen i Regeringskansliet återvände till tankarna om personalekonomisk redovisning. Hösten 2001 lade regeringen fram ett 11-punktsprogram för bättre hälsa. Som en del i hälsoarbetet föreslogs att organisationer borde iordningställa så kallade hälsobokslut. Begreppet var en nykonstruktion. Någon modell för hälsobokslut fanns inte. Tanken var att man genom att belysa hälsotillståndet i en organisation och koppla det till ekonomin, borde kunna få upp hälsofrågorna på ledningens aktionsagenda och därmed minska sjukfrånvaron. Tanken var alltså densamma som tidigare, nämligen att integrera hälso- och arbetsmiljöfrågor med annan redovisning och styrning i syfte att minska kostsam ohälsa.

För att utröna om det ens kan vara möjligt att utveckla en modell som kan vara användbar i flera organisationer genomfördes flera forsknings- och utvecklingsprojekt med regeringsstöd. Ett av dessa projekt genomfördes under perioden 2002–2005 i sju svenska kommuner (Bjurström, 2007; Sjöblom, 2010). Under tre år följdes kommunernas arbete med att utveckla ett användbart hälsobokslut. I detta projekt fokuserades inte bara på innehåll utan också på användbarhet. Vad gjorde kommunerna av begreppet hälsobokslut? Var det användbart för dem i arbetet med att förbättra hälsoläget bland kommunens anställda?

Samtliga kommuner försökte på ett eller annat sätt att integrera hälsobokslutsarbetet med den redan existerande verksamhetsstyrningen. Kommunerna lade ned ett stort och engagerat arbete i projekten. Kommunernas projektledare var överens om att frågeställningar kring hälsa, välbefinnande eller personalpolitik i bredare bemärkelse kommit upp på agendan ordentligt. Hälsobokslutet, ambitionerna med det och den politiska förankring som uppnåtts ansågs till en början vara ett genombrott. Bl.a. menade man att om inte behovet av arbetskraft kan mötas med minskande sjukfrånvaro och större uppfattad attraktivitet hos kommunen som arbetsgivare, kommer stora bekymmer i form av arbetskraftsbrist att uppstå inom några år.

Men, projekten kännetecknades också av ambivalens. Många trodde på möjligheten att sekventiellt planera och genomföra förändringsprojekt. I de flesta organisationer och förändringsprojekt arbetar man så. Men verkligheten inordnar sig oftast inte i denna schematiska beskrivning (Bjurström, 2007). Inom varje kommun som var med i projektet skedde avvikelser. Ambivalensen fanns inte bara när det gällde processen för att nå fram till ett hälsobokslut eller hälsoförbättringar. Den gällde också hälsobokslutsrapportens innehåll, inställningen till mätbarhet och ännu mera fundamentalt begreppsanvändningen. Det mest positiva med begreppet hälsobokslut ansågs vara att det signalerar allvar och tyngd. Begreppet som sådant uppfattades kunna bidra till att sätta hälsofrågorna på agendan och ge hälsan som resurs en plats i den ordinarie verksamhetsstyrningen. Efterhand uppstod dock en tvekan över om begreppet var bra. Bland annat uppfattades det signalera slutrapportering av något som varit, snarare än en ambition att påverka något till det bättre. Därför föreslogs andra begrepp som "hälsobudget" eller "hälsoekonomisk handlingsplan".

Ordet nyckeltal var ett av de mest frekvent använda orden i hela projektet. Indikatorer och nyckeltal baserade på utförda mätningar sågs som något självklart. Det måste finnas indikatorer eller nyckeltal. "Siffrorna och nyckeltalen har blivit en helig gral." (Bjurström, 2007) Frågan vara bara – vilka nyckeltal? Och varför? Några kommuner körde fast på frågan om vad som var mätbart. Man sökte efter en vetenskaplig sanning när det gäller hur hälsa kan mätas men lyckades inte hitta operationella svar på frågan.

Det otydliga svaret från forskarsamhället på de praktiska frågorna om vad som behöver styras ledde till frustration (Bjurström, 2007). Man kan spekulera i om de normer för mätning och exakthet som förknippas med vetenskaplighet och korrekthet var så starka att de utgjorde ett hinder för att hälsobokslut skulle kunna utvecklas utifrån praktisk erfarenhet.

Beträffande innehållet i en hälsobokslutsrapport menade man att rapporten ska redovisa hur det är och hur det borde vara i organisationen. Med denna jämförelse som grund kan en handlingsplan utarbetas för ett aktivt arbete med hälsan. Hälsobokslutet ska alltså vara en handlingsinriktad rapport. Kommunerna menade att bör finnas med (Johanson & Cederqvist 2005):

1. vision
2. strategier
3. hälsokomponenter (som kan översättas till framgångsfaktorer)
4. mål för respektive hälsokomponent
5. aktiviteter avseende respektive hälsokomponent
6. uppföljnings- och mätmetoder för respektive hälsokomponent
7. indikatorer (kan vara nyckeltal och berättelse/utsagor, men det kan också vara belysande personalekonomiska kalkyler) för respektive hälsokomponent.

I en av kommunerna kom man fram till att följande tio hälsokomponenter har stor betydelse för vad man kallar arbetslivshälsan: ett hälsosamt arbetsliv, meningsskapande, en god arbetsmiljö, ett utvecklande ledarskap, sociala relationer, delaktighet och inflytande, en tydlig lönepolitik, kompetensutveckling, stöd för hälsosamma levnadsvanor och ett fungerande rehabiliteringsarbete. För var och en av dessa redovisades i en hälsobokslutsrapport utvärderingsbara mål, genomförda och planerade aktiviteter, samt uppföljning genom medarbetarenkäter och annan relevant statistik. Det ambitiösa hälsobokslutsarbetet till trots får man nog ändå dra slutsatsen att hälsobokslutprojektet rann ut i sanden. Möjligen är detta ett alltför starkt påstående. Projektet kan ha påverkat chefers och andra intressenters tänkande och kanske till och med handlande.

Helt oberoende av det kommunala hälsobokslutprojektet startades hälsorelaterade projekt i andra organisationer. Ett sådant genomfördes i Swedbank (Johanson och Backlund, 2006), som i likhet med många andra organisationer kunnat konstatera att sjukfrånvaron dubblerats i början av milleniet vilket givetvis var kostsamt. Till den årliga medarbetarundersökning genom enkäter, som genomförts i några år, lades två frågor om den anställdes uppfattning om välbefinnande och risk för att arbetssituationen inte var hållbar på sikt. Ambitionen var att identifiera och åtgärda problem. Om mer än 20% av ett kontorsanställda återfanns inom riskzonen skulle åtgärder omedelbart vidtas. Resultaten användes också som underlag för strategiska satsningar a olika slag. Genom analys av data från de andra årliga enkäterna förmedlade ledningen budskapet att välbefinnandet på gruppnivå samvarierade med andra faktorer som ledarskap, kundnöjdhet och till och med lönsamhet. Detta exempel för oss närmare det vi i kommande kapitel avser att diskutera, nämligen att om arbetsplatshälsan ska vara god är det av synnerlig vikt att ledning, verksamhetsstyrning liksom affärsmodell inte motverkar utan samspelar med varandra.

4.4 Affärsmodeller för social och annan hållbarhet

Eftersom begreppet affärsmodell används senare i boken väljer vi att förklara det nu. (Den som känner sig hemma med begreppet kan hoppa över kapitlet.)

Affärsmodell är ett diffust begrepp som numera används i allt högre grad. Affärsmodellen ses oftast som en representation eller abstraktion av ett företag, det vill säga hur ett företag förmodas fungera (Amit och Zott, 2001). Modellen avses visa hur en organisation tänker sig genomföra sin verksamhet och hur den avser att kommunicera med sina intressenter. Intressenterna kan vara alla grupper eller individer som kan påverka eller påverkas av en organisations aktiviteter, d.v.s. anställda, kunder, aktieägare, leverantörer, samhälle och miljö. Kommunikationen, som kan innehålla såväl berättelser som siffror, kan användas som en del i ett företags marknadsföring och innehålla många olika mer eller mindre anpassade informationsmaterial (Doganova och Eyquem-Renault, 2009).

Syftet med affärsmodeller är att visa hur värde skapas för företaget och dess ägare (Martins et al. 2015). Johnson et al. (2008) hävdar att en framgångsrik affärsmodell har tre komponenter: ett kundvärdeerbjudande, en vinstformel och nyckelresurser och -processer. Kärnan i en affärsmodell anses av vissa (Wirtz, 2011) vara kundperspektivet, d.v.s. kundernas behov och betalningsförmåga och hur företaget svarar på detta. Med andra ord hur företaget levererar värde till kunder, ett värde som kunderna är beredda att betala för.

Baserat på omfattande litteraturgenomgångar föreslår Nielsen (2005, s 262) att litteraturen om affärsmodeller kan sammanfattas med hjälp av följande typologi;

- Generiska modeller d.v.s. ett metaperspektiv innehållande tanken med företaget, operativa system för att få det att fungera och kapacitet att skapa värde
- Breda modeller, som innehåller en mer precis beskrivning än de generiska. De bygger ofta på ett värdekedjeperspektiv och inkluderar relationer till leverantörer, kunder och andra externa relationer.
- Smala modeller, som endast fokuserar de företagsinterna processerna för att generera värde.

Osterwalder & Pigneur (2010) menar att affärsmodeller har fyra viktiga kännetecken; det värde för en intressent som finns inbäddad i organisationens tjänster eller varor, ledning och organisering av värdeförädlingskedjan inklusive underleverantörer, ledning och organisering av kundrelationerna, samt hur kostnader och intäkter kan identifieras och påverkas. Dessa fyra karaktäristika ger uttryck för ett företags affärslogik som i sin tur skapar grunden för strategier och affärsrelationer. Affärsmodellen ger också uttryck för hur strategierna implementeras genom organisationsdesign och andra former av styrning (Dahan et al., 2010). Med detta synsätt kan affärsmodellen ses som en länk mellan strategier och den operativa styrningen.

Osterwalder & Pigneurs synsätt liknar det vi kommer att presentera och
använda oss av senare i boken. Likheten ligger i att affärsmodellen ger
uttryck för organisationsdesign och styrning. Men det finns även skillnader.
Framförallt handlar det om att vi inte bara ser affärsmodellen som en länk
mellan strategier och operativ styrning utan som en länk mellan den externa
kommunikationen med olika intressenter och den interna styrningen. Vi
återkommer till detta.

Affärsmodeller kan vara formella eller informella. Med
formella menar vi sådana som finns nedskrivna och därmed dokumenterade.
Sådana modeller blir tydliga i så motto att begrepp, formuleringar och siffror
ovedersägligen finns nedskrivna. Med detta följer inte nödvändigtvis
tydlighet när det skrivna omsätts i praktisk handling. Begreppet informella
affärsmodeller kan sägas vara den eller de modeller som den praktiska
handlingen ger uttryck för. Oftast, åtminstone när det gäller större
organisationer, innehåller affärsmodeller såväl formella som informella
inslag. Informella modeller påverkar troligen individers handlande mer än de
formella, samtidigt som formella modeller kan bidra till att skapa större
säkerhet kring vad verksamheten handlar om (Romberg, 2021). Om den
formella modellen skiljer sig från det vanliga praktiska handlandet brukar
man tala om särkoppling (de-coupling) (Meyer och Rowan, 1977).
Särkoppling är inte ovanligt. Snarare vanligt. En särkoppling kan påverka
särskilt den formella affärsmodellens legitimitet och därmed efterlevnad
(Romberg, 2021).

En aktuell affärsmodell måste vara dynamisk och därmed
ständigt utvärderas, på grund av att det ständigt sker förändringar såväl
externt som internt (Wirtz, 2016). Denna uppfattning har nära koppling till
den grundläggande synen på affärsmodeller, strategier och styrning som vi
kommer att utveckla senare i boken.
Sammanfattningsvis; begreppet affärsmodell är i litteraturen definierat på
många olika sätt. (För vidare läsning om de olika definitionerna kan
intresserade läsa (Novak, 2014). Eftersom förändring ständigt sker såväl i en
organisations omvärld som i relationen till intressenter och i den interna

styrningen finns i litteraturen också förslag på verktyg och metoder för utvärdering av affärsmodeller (Osterwalder et al., 2005).

Bland många hållbarhetsaktörer, t.ex. praktiker, forskare och policyskapare råder enighet om att hållbar utveckling på samhällsnivå inte kan uppnås utan en hållbar utveckling av organisationer, d.v.s. en utveckling av affärsmodeller och styrning liksom extern kommunikation till intressenter. Samtidigt som enighet finns på ett plan brister det uppseendeväckande ofta i praktisk handling och kommunikation. Gapet mellan "espoused theory" och "theory in use" (Argyris & Schön, 1992) eller särkoppling är ständigt närvarande. Vi tar ett exempel avseende hemtjänsten i en kommun.

Hemtjänstpersonalens och de äldres hälsa anses av alla politiker och tjänstemän inom kommunen X vara viktig, men vid schemaläggning är den planerade restiden mellan besöken alltför kort (Andersson, 2014). Detta får till följd att personalen "fuskar" med tidrapporteringen, d.v.s. brukarna av hemtjänsten får mindre besökstid än planerat. Detta påverkar kvaliteten. Varför uppstår detta glapp mellan vad som anses ska ske och vad som verkligen sker? Kvaliteten kan förbättras om tidrapporteringen är korrekt. En affärsmodell för social hållbarhet inom kommunen bör eller snarare måste bidra till att glappet minskar!

Några av de tidigaste studierna om hållbarhetsorienterade affärsmodeller (t.ex. Stubbs och Cocklin, 2008) beskriver ideala modelltyper med fokus på olika strukturella och kulturella frågor, som att utveckla samhällsanda, investera i anställdas förtroende och lojalitet och att engagera sig i bedömning och rapportering av hållbarhet. En tydlig definition av affärsmodeller för hållbarhet saknas dock fortfarande, även om affärsmodellkonceptet, dess komponenter, uppgifter och syfte, är ganska tydliga.

För att analysera affärsmodeller ur ett hållbarhetsperspektiv tar *business cases of sustainability* vanligtvis endast hänsyn till hållbarhet om det maximerar vinsten för endast en grupp av intressenter, d.v.s. aktieägare (Schaltegger et al, 2018). Inom den hållbarhetsorienterade affärsmodelldiskursen har diskussion givetvis också skett om i vilken mån finansiellt värde skapas som en konsekvens av olika hållbarhetsinsatser. Som motsats till business case of sustainability förekommer i litteraturen även artiklar om begreppet *"business cases for sustainability"*. Dessa affärsmodeller har oftast varit inriktade på miljöfrågor. Men exempel finns också på affärsmodeller som verktyg för att tillgodose sociala behov, som att förbättra vårdtjänster i fattiga regioner och främja interaktioner på låginkomstmarknader (Seelos 2007).

Schoenmaker och Schramade (2020) menar att företag spelar en nyckelroll i omställningen till en hållbar ekonomi och därför är hållbara affärsmodeller viktiga. En hållbar affärsmodell går betydligt längre än CSR. Det senare syftar endast till att begränsa företagets skada på sin omgivning. Schoenmaker & Schramade menar att en del företag kommer att överleva en omställning till en hållbar ekonomi, andra kommer inte att göra det när deras konkurrenskraft minskar eller t.o.m. försvinner. De företag som genom sin affärsmodell hanterar sina väsentliga hållbarhetsfrågor har en större sannolikhet att bevara sina konkurrensfördelar. Ju bättre företagets strategi fångar upp och förutspår vikten av hållbarhetsfrågor, av såväl social, ekologisk och ekonomisk art, desto större är sannolikheten att företaget blir framgångsrikt i ett långsiktigt perspektiv.

5. Ramverk för arbetsmiljöstyrning

Styrning, vad är det? Ordet väcker ofta reaktioner, känslor, av många slag. En del tar avstånd därför att det andas kontroll, kommendering och tvång. En inskränkning av människans frihet och värdighet. Andra ser det som ett självklart och nödvändigt maktverktyg för att åstadkomma ordning i leden. Att hålla i styråran som förr fanns på skeppets styrbordsida handlade om makt. Makt att styra på ett klokt sätt för att utnyttja vinden och därmed spara roddarnas krafter men också om makt att undvika synbara eller knappt synbara grund som kunde sänka skeppet.

Rose (1999) menar att styrning inte är en teori utan ett perspektiv, som kan användas för att förstå framväxande mönster, ordning eller verktyg inom komplexa sociala system. Empiriska studier av styrning syftar inte till att utveckla någon stor teori om styrning. Studierna försöker snarare diagnostisera tankegångar och program genom att uppmärksamma heterogeniteten mellan strategier, konflikter och handlingar. Samuelsson (2008) skiljer mellan fem typer av intern organisationsstyrning:

1. När syftet är att åstadkomma optimal resursanvändning ur ett samhällsperspektiv föreslår han begreppet ekonomistyrning som på engelska motsvaras av ''economic control''.
2. Styrning som främst handlar om en organisations relationer till styrelse och ägare så kallad ägarstyrning brukar på engelska benämnas ''corporate governance''.
3. När det handlar om ekonomisk redovisning föreslår Samuelsson begreppet ekonomistyrning, men tillägger Samuelsson (2008), att det kanske borde ersättas med finansiell styrning, på engelska ''financial control''.
4. Styrning som avser själva verksamheten t.ex. vad företaget ska producera samt hur detta ska gå till, bör verksamhetsstyrning eller ''business control'' användas.
5. Om syftet är att adressera hela företaget (t.ex. lönsamhet, omsättning) föreslås användning av antingen begreppet

verksamhetsstyrning eller begreppet ekonomistyrning. På engelska: "management control" eller "organizational control" Som vi redan skrivit kommer vi att använda oss av begreppet verksamhetsstyrning.

Power (1997) lyfter fram olika faser i framväxten av nya system för verksamhetsstyrning. Detta har relevans även för kopplingen mellan affärsmodell och intern verksamhetsstyrning. Mycket fritt tolkat, menar Power att när nya fenomen tar form eller identifieras av olika intressenter kan och bör dessa nya företagsrelevanta fenomen mötas genom organisatoriska idéer. För att möta ett nytt fenomen bör nästa fas innebära en mobilisering av anställda och övriga intressenter. I den sista fasen stabiliseras styrningen och agerandet genom nya strukturer avseende roller, datainsamling och kontroll. D.v.s. den organisationsinterna styrningen anpassas till verksamhetens syfte och mål.

I likhet med vad som framhålls av Kaptein (2017) menar vi att det är viktigt att öppna diskussioner tillåts och uppmuntras under alla faser interna styrsystem. Stela strukturer och sätt att möta nya fenomen blir snabbt en börda. Att stela strukturer kan skapa anpassningsrisker är tydligt när det gäller alla de tre hållbarhetsaspekterna, d.v.s. ekologiska, sociala och ekonomiska frågor.

Ett exempel på bristande interna diskussioner är Telias etablering i Uzbekistan, Azerbadjan m.fl kringliggande länder. Denna etablering granskades av svenska medier. Granskningarna visade att ledningens förståelse av verksamheten i länderna var mycket bristfällig (Romberg, 2021). Ledningen försökte utveckla nya regler för en etisk affärsverksamhet, men detta var inte tillräckligt. Efter miljardböter slutade det med att Telia avvecklade verksamheten i länderna. Romberg drar slutsatsen att formella etiska regler är viktiga men inte tillräckliga för anställdas handlande. De informella är ännu viktigare. Gemensamma värderingar liksom öppna diskussioner om etik har större betydelse. Chefer har också en viktig roll genom att i sitt informella agerande föregå med gott exempel. Detta har stor betydelse även för anställdas beteende. Öppna diskussioner genom en deliberativ kommunikation (Englund, 2006), gemensamma värderingar, delad förståelse och informellt agerande har stor betydelse, inte bara när det gäller affärsmodellen för hållbarhet utan även för den interna hållbarhetsstyrningen.

Förslag avseende styrsystem för arbetsmiljö och arbetsplatshälsa (eller ledningssystem om man hellre vill använda det begreppet) efterfrågas ganska ofta i olika tidskrifter. Som svar på den efterfrågan har en mängd artiklar publicerats. Artiklarna lyfter fram behovet av att utveckla för styrningen relevanta indikatorer (t.ex. Podgórski, 2015; Sinelnikov et al, 2015). Dessa förslag blir dock ett slag i luften om inte indikatorerna sätts in i ett styrningssammanhang.

Zwetsloot (2004) adresserar styrsystemfrågan när det gäller arbetsmiljö och menar framför allt att ett styrsystem ger förutsättningar att klassificera och organisera arbetsmiljöstyrningens komponenter. Risker kan undvikas och positiva effekter uppnås. Detta har betydelse för anställda men också för organisationen och de externa intressenter som ska tillse att lagstiftningen följs. Zwetsloot listar ett antal faktorer som är viktiga för att ett sådant system ska fungera. Kort sammanfattat menar han att arbetsmiljöåtgärder ska vara väl integrerade med övrig verksamhetsstyrning och ses som viktiga strategier för organisationens framtid. Han anser också att det är viktigt att ledningen stöttar strategierna och att anställda är motiverade, att resurser skapas och att uppföljningar sker. Det är inget fel på listan över faktorer. Men om syftet är att verkligen påverka ett företags affärsmodell när det gäller långsiktig såväl social och ekologisk som ekonomisk hållbarhet måste integreringen med strategier, mål, informationssystem, ansvar m.m. avsevärt utvecklas.

Som bakgrund till nästa avsnitt är det bra att fundera på och diskutera vad som utmärker arbetsmiljöstyrningen inom din organisation eller någon annan organisation som du känner till.

5.1 Ramverkets innehåll

Under de senaste decennierna har ett ökande intresse ägnats åt arbetsmiljöstyrning. Mer än en tredjedel av de mest nedladdade artiklarna som publicerats i Safety Science handlar om hantering av arbetsmiljö (t.ex. Podgórski, 2015; Sinelnikov et al, 2015). Några av dessa adresserar utmaningen att hitta och utveckla indikatorer som är relevanta för arbetsmiljöstyrning. Pogórski (ibid) anser till exempel att det behövs nya tillvägagångssätt för att säkerställa effektiviteten i ledningssystemen för hälsa och säkerhet på arbetsplatsen. Med utgångspunkt från tidigare artiklar som publicerats i Safety Science föreslår han också en vidareutveckling av nyckeltal för mätning av arbetsmiljöstyrningspraxis. Tappura et al, (2015) menar att arbetsmiljöfrågorna bör synliggöras på ett tydligare sätt i den ekonomiska redovisningen. som vi tidigare skrivit framfördes ett liknande förslag av Gröjer och Johanson i slutet av 1980-talet. Trots att den svenska dåvarande Arbetsmiljökommissionen liksom den svenska regeringen tog förslaget till sig och undersökte möjligheten att förändra bokföringslagstiftningen rann det hela ut i sanden.

Veltri et al (2013) går ett steg längre än nu nämnda Pogorski och Tappura et al. Baserat på resultat från en explorativ fallstudie, menar Veltri et al att det finns en möjlighet att förbättra arbetsmiljön och affärsverksamheten samtidigt. Detta påstående är långt ifrån förvånande. En viktig förutsättning för ömsesidig nytta är dock att ansvaret för arbetsmiljön delas mellan medarbetare och ledning och andra intressenter. Om ett system för arbetsmiljöstyrning ska bli användbart och befrämjande för hälsan på arbetsplatsen behövs ett holistiskt perspektiv eller med andra ord ett pluralistiskt förhållningssätt till en form av styrningen som gagnar flera intressenter.

Arbetsmiljöstyrning intresserar också Murray (2019). Hon föreslår ett teoretiskt ramverk för hantering och främjande av anställdas välbefinnande. Baserat på 25 intervjuer dels med personer som ansvarar för anställdas välbefinnande och dels med leverantörer av välbefinnandetjänster konstruerar Murray ett ramverk med teoretisk input från Job Demands-Resource Theory (J-DR), Human Capital Theory (HC) och Corporate Social

Responsibility Theory (CSR). Det som gör ramverket intressant är att det kombinerar individuellt välbefinnande, välbefinnandeåtgärder och organisationsfaktorer. Välbefinnandeåtgärderna, organisationsfaktorerna och ledningen påverkar såväl anställdas välbefinnande som affärsverksamheten. Affärsverksamheten påverkas givetvis också av anställdas arbetsresultat. Affärsverksamheten och de anställdas arbete påverkar, slutligen, verksamhetens ekonomiska resultat. Murrays utgångspunkt är intressant men vi menar att ramverket hade kunnat utvecklas ytterligare. Murray intresserar sig främst för välbefinnandets och affärsverksamhetens påverkan på det ekonomiska resultatet. Än mer intressant vore att utgå från ett pluralistiskt perspektiv. Hur påverkas flera olika intressenter, förutom kunder, ledning och ägare, av välbefinnandet och verksamheten? Hur påverkas kunder och andra samhällsintressenter? Ramverket behöver även utvecklas när det gäller de organisatoriska faktorerna. Vad är viktigt för att förbättra anställdas välbefinnande? Vad betyder till exempel ansvar, lärande och en ständig interaktiv kommunikation mellan anställda och ledning? Hur skulle ett pluralistiskt ramverk kunna se ut? Vi återkommer till detta i kapitel 5.

Johanson och Aboagye (2020) har en pluralistisk utgångspunkt när de föreslår ett ramverk för analys och styrning av arbetsmiljö i syfte att befrämja hälsa på arbetsplatsen. Ramverket, som syftar till en integration av arbetsmiljöstyrningen i den övriga verksamhetsstyrningen, är betydligt bredare än andra tidigare förslag. Ett mycket brett perspektiv är nödvändigt för att undvika särkoppling (Meyer och Rowan, 1977) mellan ord och handling. Om särkoppling sker kan hela hållbarhetsstyrningen förlora sin legitimitet. Ramverket är en vidareutveckling av ett förslag som användes av Frick och Johanson (2013) för analys av arbetsmiljöstyrning och senare av Johanson och Skoog (2015) för att analysera verksamhetsstyrning i allmänhet. Vidare bör nämnas att ramverket inte har ett psykologiskt utan snarare ett sociologiskt fokus. Det är organisatoriska processer och strukturer som är föremål för diskussion.

Ramverket är utvecklat utifrån en kritik av den klassiska ekonomistyrningen och dess brist på koppling till såväl den i detta sammanhang aktuella arbetsmiljökontexten som styrning av icke-materiella resurserser i allmänhet (exempelvis ekologisk hållbarhet). De från 1990-talet utvecklade idéerna om balanserade styrkort (Johanson et al, 2004) och intellektuellt kapital (Johanson och Skoog, 2015) har vissa likheter med vårt förslag men är inte inriktade mot hållbarhet. De har inte heller samma tydliga koppling till affärsmodeller för delad förståelse med olika intressenter.

Frick & Johanson (2013) analyserade, som nyss nämnts, arbetsmiljöstyrning i Sverige. De menade att arbetsmiljöstyrningen har mycket att lära av `performance management´ (översätts här med begreppet verksamhetsstyrning). Ferreira och Otley (2009) föreslog ett ramverk för analys av verksamhetsstyrning, som byggde på erfarenheter och kritik av ekonomistyrning. För att styrsystemet ska fungera i syfte att uppnå visioner och strategier behöver det förutom mål, mätningar och uppföljning vara samstämmigt med andra mer kontextuella faktorer, menar de. Som exempel på det senare nämner de belöningar och bestraffningar. Broadbent och Laughlin (2009) fördjupade Ferreiras & Otleys förslag när de hävdar att ett styrsystem kan betraktas som transaktionellt eller relationellt. Det första synsättet bygger på tanken om precisa mätningar medan det andra handlar om interaktion med organisationens medlemmar.

Är det styrsystem som du/ni diskuterat tidigare baserat på ett transaktionellt eller relationellt perspektiv? Vilka konsekvenser är tänkbara med det ena eller det andra perspektivet.

Från ett transaktionellt perspektiv är den funktionella processen central (se nästa figur), men i empiriska studier gjorde kring millennieskiftet påvisade Johanson et al (2001) det relationella perspektivets betydelse. Ferreira och Otley hade påtalat detta tidigare men inte genomfört empiriska studier. De relationella faktorerna handlade bl.a. om uppmärksamhetsskapande aktiviteter, motivationsskapande dialoger och informella överenskommelser om åtgärdskontrakt. Utgångspunkten för interaktionen mellan olika medarbetare var de data som producerats i den funktionella processen (Ibid).

Kunskapen som styrsystemprojektet i de svenska företagen genererade var ett viktigt inslag i det ramverk, som föreslogs av Frick & Johanson (2013).

Det sistnämnda förslaget utvecklades därefter vidare i flera steg och användes för analys av verksamhetsstyrning i allmänhet (Johanson och Skoog, 2015; Johanson m.fl., 2019). Den senaste versionen presenteras av Johanson och Aboagye (2022) med hjälp av följande figur. (De olika faktorerna som ingår i ramverket för analys av verksamhetsstyrning förklaras kortfattat i texten som följer figuren 3).

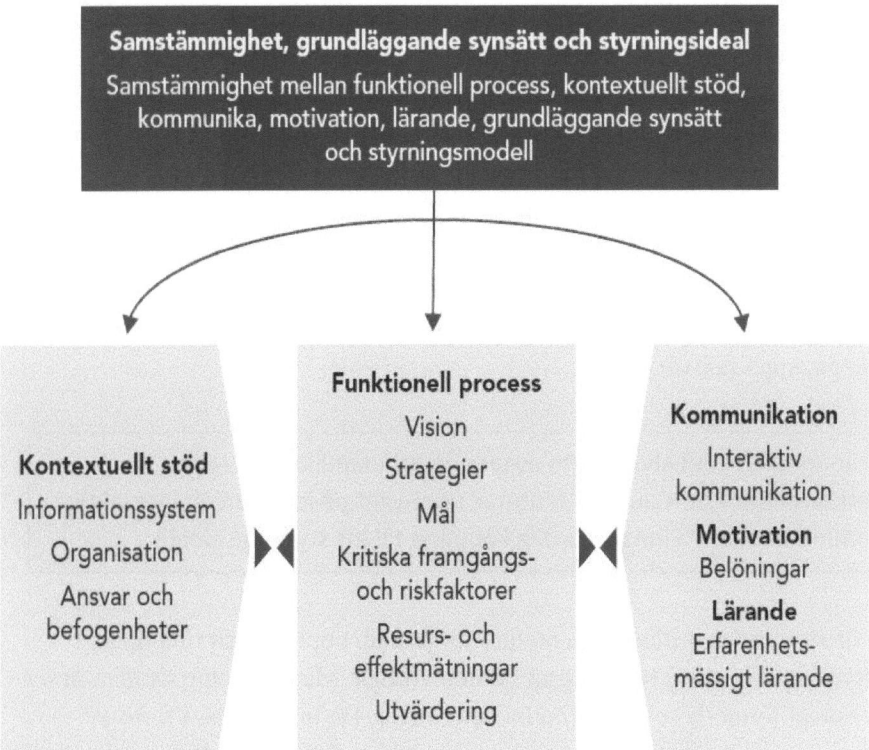

Figur 3. Ramverk för analys och design av styrsystem avseende arbetsplatshälsa och arbetsmiljö. Johanson och Aboagye (2022).

I mitten av figuren finns den centrala styrprocessen. Det är en ganska normal men också ideal sekventiell process. Oftast fungerar den centrala styrprocessen inte så idealt som avsikten är. Avvikelser från idealet kan bero på att kontextuella stödprocesser i form av informationssystem, organisation, samt ansvar och befogenheter inte är tydliga. De kan vara tydligt nedskrivna i olika dokument men av berörda inte uppfattas lika tydligt. Orsaken till denna diskrepans kan vara en skillnad mellan en förmodad och en faktiskt praktiserad styrning, d.v.s. en särkoppling (Meyer & Rowan, 1977). För att minska risken för en sådan särkoppling är en interaktiv kommunikation (figurens högra sida) av största betydelse. En interaktiv kommunikation innebär ett skapande och lärande vilket också ger förutsättningar för demokratiska beslutsprocesser (Brown och Frame, 2005). En interaktiv kommunikation innebär en ständig dialog och diskussion kring styrningen. Detta är egentligen självklart, men saknas tyvärr ofta (Kaptein, 2017). Den interaktiva kommunikationen bör inte bara avse den centrala styrprocessen utan också det kontextuella stödet liksom hela styrningsramverket. D.v.s. av nödvändighet bör det finnas en uppfattning om hur en ideal verksamhetsstyrning ska vara utformad. Detta kallar vi styrningsideal (se längst upp i ramverket).

Är innehållet i det styrsystem avseende arbetsmiljö eller hela verksamheten som du/ni diskuterar uppbyggt på idén om en interaktiv kommunikation? Finns en tydlig koppling till ett styrningsideal?

För att minska skillnaderna mellan förmodad, upplevd och tillämpad styrning blir också belöningssystemen viktiga. Med belöningssystem avser vi såväl formella som informella belöningar. De informella, i form av uppskattning och gillande, är förmodligen än viktigare än de formella. Medvetenhet om att diskrepansen mellan förmodad, upplevd och tillämpad styrning existerar bör medföra att styrningen löpande omprövas och justeras (Kaptein, 2017), d.v.s. är föremål för en interaktiv kommunikation. De japanska forskarna Nonaka och Nishiguchi (2001) använder begreppet ˋkataˊ

för att betona vikten av att försöka skapa styrsystem som i sig själva innehåller ett ständigt lärande med avseende på styrsystemets relevans. Utveckling av `kata´ är bra exempel på organisatoriskt lärande som medför att organisatoriska vanor förändras. Det organisatoriska och det individuella lärandet är kommunicerande kärl där det ena förutsätter det andra. Tanken om ständigt lärande avseende relevansen fanns också bland de företag som studerades av Johanson m.fl. (2001). Idén om ständig reflektion, lärande och omprövning ligger också nära vår uppfattning om vikten av anpassning av såväl affärsmodell som intressentkommunikation och intern styrning till en komplex och föränderlig verklighet (Boisot Esade & McCelvey, 2010).

Wikforss (2023) anser att för att kunskap ska utvecklas behövs en fri marknad. Människan är rigid och tenderar att vilja få sin förvärvade kunskap bekräftad. Detta kan påverkas genom en interaktiv kommunikation. Genom interaktion med andra på "den fria kunskapsmarkanden" kan kunskapsprocesser starta och utvecklas. En form för interaktiv kommunikation kan vara deliberativa samtal (Englund, 2006), dvs samtal som ger utrymme för tänkande och reflektion. Det är i högsta grad viktigt när det gäller arbetsmiljöstyrning. Öppna diskussioner genom en deliberativ kommunikation, gemensamma värderingar, delad förståelse och informellt agerande har stor betydelse, även för den interna styrningen av arbetsmiljö.

Är innehållet i det styrsystem avseende arbetsmiljö eller hela verksamheten som du/ni diskuterar kopplat till belöningar? Är ständig reflektion, lärande och omprövning en tydlig tanke bakom styrningsidealet?

I figurens topp använder vi begreppet samstämmighet. Begreppet är lånat från Ferreira & Otley (2009). Med detta avses att alla olika komponenter i styrsystemet behöver vara samstämmiga, återigen för att undvika särkoppling. De bör också vara samstämmiga med de grundläggande värderingar som verksamheten bygger på, d.v.s. de grundläggande värderingarna ska stämma överens med det värde som de olika intressenterna förväntar sig. Om t.ex. ett företags verksamhet bygger på att uppnå kortsiktig lönsamhet till varje pris blir uppnåendet av en långsiktig och en hälsofrämjande arbetsmiljö ingen viktig fråga.

Ett exempel från en kommun får belysa problemet med särkoppling. Frick & Johanson (2013) skriver att den formella hanteringen av det systematiska arbetsmiljöarbetet i stort sett ser bra ut i kommunen men att man trots det ändå kan undra hur viktigt det egentligen är att befrämja en god arbetsmiljö. De menar att budgetfrågor förefaller att vara viktigare. Indikationer på detta är dels decentraliseringen genom vilken ledningen delvis avhänder sig arbetsmiljöansvaret, dels de informella belöningsprocesserna. Att inte överskrida budget är viktigast även om en liten avvikelse i form av en kostnad för förbättring av arbetsmiljön kan betala sig mångfalt redan en kort tid efter räkenskapsårets utgång. D.v.s. det grundläggande synsättet förefaller inte att handla om en långsiktig hållbarhet med avseende på såväl effektivitet som anställdas hälsa och välbefinnande. Sammantaget innebär ovanstående att uppföljningen av åtgärder liksom utvärderingen av det systematiska arbetsmiljöarbetet i sig allvarligt försvåras. Motivationen att åtgärda arbetsmiljöfrågor påverkas negativt. Exemplet visar hur olika kontextuella faktorer är särkopplade från den funktionella processen. Inte nog med det, om styrningen inte utgår från ett grundläggande synsätt att arbetsmiljö och därmed anställdas hälsa är viktigt, spelar styrsystemets design egentligen ingen roll. Effekten av styrningen kan bli vilken som helst. Problemet med styrning som inte är baserad på någon form av grundläggande synsätt lyftes fram av Hofstede redan 1978. Han menade att ekonomistyrningens ideologi inte problematiserats tillräckligt. Hofstedes synpunkt är i högsta grad relevant än idag!

Präglas styrsystemet som ni diskuterar av särkoppling eller samstämmighet? Är det en tydlig koppling mellan styrsystemet och verksamhetens grundläggande synsätt ?

Alla de faktorer som vi lyft fram i ramverket för arbetsmiljöstyrning handlar om organisationsinterna frågor. Vi har valt att bortse från externa faktorer som t.ex. lagstiftning och praxis, samt samhällstrender. Till skillnad från vårt angreppssätt utgår Omoloso m.fl. (2023) från ett intressentperspektiv när de i en kvalitativ studie inom läderproduktion undersöker hur intressentrelaterade drivkrafter kan påverka organisationsledningens agerande när det gäller arbetsmiljöfrågor. Studien har genomförts utifrån intressentteori och institutionell teori. Dessa teorier fokuserar interaktionen mellan en organisation och dess intressenter. Interaktionen kan ske direkt eller indirekt genom att ledningen försöker vara proaktiv i sitt agerande avseende, i detta fall, arbetsmiljöåtgärder.

Studien är relativt begränsad men är ändå intressant för vår del genom att den lyfter fram andra organisationsperspektiv än de vi presenterat. Exempel på detta är att uppnå konkurrensfördelar, rekryteringsfördelar och framtida framgångar, mm. Utifrån drivkrafterna presenteras sedan respektive korresponderande åtgärder. T.ex. framhåller de utbildning som en till drivkraften framtida framgång korresponderande åtgärd. Åtgärder för att förebygga hälso- och säkerhet framhålls som ett sätt att undvika risker i arbetet. Listan över drivkrafter och därmed sammanhängande praktiker är ganska lång. Men listan saknar diskussion om vilka strategier, mål, planer och kritiska faktorer som är viktiga för att drivkrafterna ska kunna leda till handling. D.v.s. såväl det vi kallar för funktionella processer som kontextuella faktorer och kommunikation, motivation och lärande saknas. Fromms ramverk adresserar bara faktorer på operativ och möjligen strategisk nivå. Den grundläggande kopplingen till grundläggande synsätt (ideologi) saknas.

Borglund et al diskuterar med referens till Stansbury och Barry (2007) olika typer av organisationsstyrning ur ett etiskt perspektiv. De skiljer mellan tvingande och möjliggörande styrning. Den första handlar om regelefterlevnad och den sistnämnda om förståelse av och agerande i enlighet med intentioner och värderingar. Den senare, värderingsstyrningen, ligger nära vår uppfattning att verksamhetens grundläggande synsätt, d.v.s. de intentioner och värderingar på vilka affärsmodellen vilar bör överensstämma med styrningsidealet. Organisationens grundläggande synsätt liksom styrningsidealet, får inte heller ligga långt från medarbetarnas och övriga intressenters grundläggande synsätt.

Eftersom privata företag och offentliga organisationer skiljer sig bl.a. med hänsyn till ägarskap, finansiering och syfte är det rimligt att ställa sig frågan om även styrsystemen är olika. En studie av detta publicerades 2016 (Van Helden och Reichard, 2016). En genomgång av ett antal internationella studier i ämnet visade att skillnaderna inte är särskilt stora. Några skillnader finns emellertid. I privata företag är styrsystemet i huvudsak internt riktat medan offentliga organisationer i högre grad ser externa intressenter som sin målgrupp. Styrsystemets design är också mer anpassat till företagens strategier än vad som gäller bland de offentliga organisationerna.

Verksamhetsstyrning, eller kanske snarare den traditionella ekonomistyrningen, har som Hofstede (1978) är inne på inte varit ideologiskt grundad. Styrningen har varit meritiskt orienterad, d.v.s. förståelsen av helheten har varit tänkt att begripas utifrån delarna (von Wright, 1986). Detta har varit, och dessvärre fortfarande ofta är, extra tydligt när det gäller bokföringen. Bokföringen har ofta varit regelstyrd, d.v.s. att bokföra rätt har varit så viktigt att helheten ibland gått förlorad. Vikten av att vända på perspektivet till ett holistiskt synsätt (von Wright) blir än tydligare när det gäller ett intressentorienterat synsätt avseende affärsmodeller och därmed styrning av social hållbarhet t.ex. arbetsmiljö.

Men Hofstedes anmärkning har även relevans på ett annat sätt, nämligen för vems eller vilkas syften styrsystemet är konstruerat. Eller vilket perspektiv ligger som ideologisk grund för systemet; ett enhetsperspektiv, ett pluralistiskt perspektiv eller ett radikalt perspektiv (Brown och Frame, 2005). Det pluralistiska perspektivet innebär ett avståndstagande till enhetsperspektivets ''vad som är bra för kapitalet och ägarna är bra för alla andra''. Anställda har rätt att få insyn i det tillstånd som råder i organisationen oavsett om denna, d.v.s. insynen, är ekonomiskt gynnsam eller ej. Alla som är inblandade i organisationens syfte och verksamhet har inte heller samma intressen och bevekelsegrunder bakom sitt agerande. Detta betyder att konflikter är oundvikliga men också legitima. Ledning och styrning av organisationen bygger på att olika uppfattningar respekteras, uttrycks och tas om hand. Om detta sker kan det sociala kapitalet som baseras på tillit, normer och nätverk för ett gemensamt bästa befrämjas. En relation som baseras på tillit innebär att de inblandade individerna vågar visa sin sårbarhet. Ett problem som måste lösas när tilliten brister är att vi alla riskerar att vara "kulturella observatörer" (Henningsson, 2009) när vi ska försöka förstå en annan kultur, t.ex. när ledningen behöver förstå de anställda eller vice versa i samband med att konflikter bör lösas. Ytterligare ett problem som måste tacklas är förnedring människor emellan, t.ex. när någon anställd "hängs ut" under ett möte. Men inte bara det, även styrsystemet självt kan vara designat så att personer kan förnedras genom att t.ex. mätresultat relaterade till den funktionella processen offentliggörs med avseende på vad som betraktas som dålig prestation.

När enhetsperspektivet är den förhärskande styrningsideologin används språket performativt, d.v.s. yttranden formuleras och används i syfte att få en viss verkan (Vollmer et al, 2009). Performativa yttranden som kan leda till konflikter kan givetvis förekomma även när det gäller den pluralistiska ideologin.

Vårt ramverksförslag är ursprungligen framtaget ur ett enhetsperspektiv men kan med sin nuvarande utformning snarare betraktas som ett försök att se arbetsmiljöstyrningen ur ett pluralistiskt perspektiv. Behovet av att ekonomisk redovisning och styrning förflyttas i den riktningen efterfrågades av Gray et al (1995) även om det varit tydlig alltsedan 1970-talet när social redovisning introducerades. En konsekvens av ett pluralistiskt perspektiv på styrning är att det har en mer demokratisk (Brown och Frame, 2005) prägel än enhetsperspektivet. Ett pluralistiskt förhållningssätt är särskilt angeläget när det gäller arbetsmiljöstyrning eftersom det inte bara är organisationens väl och ve utan, och i ännu högre grad, den enskildes hälsa som står på spel. Det finns anledning att än en gång betona den interaktiva kommunikations betydelse vid ett pluralistiskt perspektiv. Till sist finns anledning att påpeka att rapportering av CSR har diskuterats i flera decennier. Trots detta finns det ingen standardmodell för hur en sådan rapport bör se ut (Gray et al, 1995). Detsamma gäller beträffande arbetsmiljöstyrning. Det finns inget standardramverk eftersom ett ramverk är så situationssanpassat.

Vårt ramverk är tänkt att bidra till en mer rationell verksamhetsstyrning. Men eftersom det som är en rationell styrning inte självklart också betyder en förnuftig (reasonable) styrning är det på sin plats att uppmärksamma för läsaren att det rationella måste gå hand i hand med det förnuftiga (Liedman, 1997). Ramverket kan ibland synliggöra eller skapa konflikter. Men synliggörandet kan bidra till lärande och därmed också till ömsesidig förståelse, vilket i sin tur kan förena olika intressenter (Asplund, 1970).

I nästa avsnitt diskuterar vi slutsatser man kan dra från en tillämpning av vårt förslag till ramverk för arbetsmiljöstyrning i Japan.

5.2 Fördjupning av ramverket, erfarenheter från Japan
Japan har en åldrande befolkning vilket påverkar samhället på många olika sätt, t.ex. när det gäller tillgång till arbetskraft. För att motverka detta har den japanska regeringen (METI, ministeriet för handel och industri) stiftat och genomfört ett antal lagar, förordningar och program vars syfte är att befrämja arbetsplatsrelaterad hälsa. En viktig utgångspunkt för detta har varit att adressera såväl företagens arbetsmiljöstyrning som deras produktivitetstyrning (Yao och Johanson, 2022).

År 2014 uppmanade METI japanska företag att utveckla sin arbetsmiljö- och produktivitetsstyrning (APS). För att befrämja deltagande i projektet skapade METI ett särskilt incitamentssystem. Efter ett antal år och i samarbete med Tokyobörsen valdes företag som ansågs vara ledande i sin arbetsmiljö- och produktivitetsstyrning ut och delas upp i två grupper. De 500 bästa storföretagen benämndes "White 500" och de 500 bästa små och medelstora företagen kallades "Bright 500". När det gäller långsiktigt värdeskapande antogs de bästa företagen vara de mest intressanta för investerare.

Urvalet av de bästa företagen baserades på en enkät som utvecklats av METI. Enkäten innehöll ett 80-tal frågor inom 23 olika områden. Yao genomförde under 2021/22 ett forskningsprojekt för att besvara följande frågor: I vilken utsträckning har APS spridit sig bland japanska företag och vilka variabler befrämjar eller hindrar det regeringsledda APS-projektet? Yao jämförde enkätsvaren med det i föregående avsnitt presenterade ramverket. Sammanfattningsvis kan man säga att den stora mängden data, som samlats in av METI under 6 -8 år, visar att oavsett skillnader i företagsstorlek tar fler och fler japanska företag hänsyn till arbetsmiljöfrågor. De bästa börsnoterade bolagen har etablerat en heltäckande och sammanhållen arbetsmiljö- och produktivitetsstyrning, vilket resulterat i lägre personalomsättning och förbättringar av företagets verksamhet (Yao och Johanson, 2022).

Traditionellt har Japan tagit ansvar för sina anställda genom livslånga anställningar. Den medarbetarcentrerade kulturen har också gjort det lättare för många japanska företag att införa system för en integrerad arbetsmiljö- och produktivitetsstyrning. Medarbetarnas hälsa, som tidigare betraktades som en personlig fråga, ses nu, av ett ökande antal japanska företag, som en fråga om företagens sociala ansvar. Japan har numera också fler arbetsmiljörelaterade lagar och riktlinjer än många andra länder. De positiva effekterna av satsningarna från METI avseende integrerad APS är tydliga även om det fortfarande finns många företag som inte alls kommit särskilt långt.

Som sagts jämförde Yao varje post i det ovanstående ramverket med enkätsvaren. Som resultat av denna jämförelse framkom detaljerade synpunkter avseende användning av ramverket som ett analysinstrument för arbetsmiljöstyrning.

Samstämmighet, grundläggande synsätt och styrningsideal
Enkätsvaren visade att företagen menade att arbetsmiljö- och produktivitetsstyrning behöver vara väl integrerad i företagets ledningsfilosofi och i företagets grundläggande synsätt. Om en sådan integrering saknas blir APS meningslöst ytlig. För att signalera den vikt som ledningen fäster vid de anställdas hälsa kan bristen på ett tydligt uttalande om APS i företagets filosofi eller policy skapa tvivel om ledningens

engagemang. De större företagen är mer benägna att inkludera arbetsmiljö och produktivitetsfrågor i sin ledningsfilosofi än de mindre.

Kontextuellt stöd I enkäten från METI ställs många frågor om kontextuellt stöd, t.ex. hur ofta APS-frågor diskuteras på olika nivåer av interna möten, om det finns samarbeten med andra parter och vem som är *ansvarig* för övergripande APS i företaget. Jämfört med stora företag är det mer sannolikt att VD:n för ett litet företag är ansvarig (73 %). Mindre företag med färre än 1000 anställda har också mer frekventa diskussioner om hälsa och produktivitet än större företag. Det finns dock inte några frågor i undersökningen som handlar om huruvida företagen har byggt upp APS-*informationssystem*.

Beträffande *organisation* har 37 % av företagen oberoende specialiserade avdelningar för att hantera arbetsmiljöfrågor, medan 52 % låter personalavdelningen ta hand om frågorna. Mindre företag tenderar att utse en arbetsledare som övervakar APS-frågor snarare än att placera funktionen inom en särskild avdelning.

Samarbete med externa partners finns inte med i ramverket. METI anser att samarbete med hälso- och sjukvårdspersonal och sjukförsäkringsorganisationer är särskilt viktiga kontextuella faktorer. Därför ställs också frågor om detta i METI-enkäten. Samarbete kring hälsa och sjukvård anses vara viktigare i större börsnoterade företag. Hälso- och sjukvårdspersonal deltar i nästan alla hälso- och sjukvårdsprocesser i mer än 90 % av de största företagen (med mer än 10 000 anställda). I samarbetet ingår att diskutera hälsofrågor med ansvarig person, gemensamt formulera policyer på medellång till lång sikt, samla in information från anställda och sist men inte minst att följa effektiviteten i ledningens insatser relaterade till APS. Det senare sker i mer än hälften av de börsnoterade bolagen genom att hälso- och sjukvårdspersonal deltar i ledningsmöten. I börsnoterade och större företag är det vanligt att anställda och facket engageras i utformningen av policyer på medellång och lång sikt.

Funktionella processer I METIs enkät ställs inte explicita frågor om vision Detta berörs ändå i företagssvaren. Vision är en del av företagsfilosofin och framgångs-/riskfaktorer behandlas regelbundet vid formulering av strategier, planer och mål. Endast en mycket liten andel av företagen, 14%, ansåg sig ha en särskild APS-*strategi* som en del av sin övergripande strategi. Eventuellt kan det senare bero på att 85% av de börsnoterade företagen ansåg att APS var integrerat i deras tillväxtstrategi. Direkta frågor avseende *kritiska framgångs- och riskfaktorer* ställdes inte i enkäten. Därmed inte sagt att företagen negligerar arbetsmiljörisker av olika slag. Som framgår av enkäten samlar de flesta företagen in data om hälsofaktorer som övervikt, alkoholvanor, friskvårdsvanor och deltagande i hälsokontroller, samt förbättringar av arbetsplatsen mäts och diskuteras regelbundet av de flesta företagen. Dessa data används sedan som kunskapsunderlag för *strategier* och åtgärder, d.v.s. *lärande*.

   Planer, mål och utvärderingar. Bland de stora börsnoterade företagen säger sig 97% sätta mål för de utmaningar som identifierats föregående år. Motsvarande siffra för de minsta börsnoterade är 69%. De flesta företagen följer också upp förändringar avseende de anställdas hälsa, arbetstillfredsställelse och engagemang liksom personalomsättning. Men bara 46% av de största och 26% av de minsta företagen följer sjukfrånvaron och sjuknärvaron. Mycket få företag svarar att de utvärderar produktivitetskonsekvenser av anställdas förändrade hälsa trots att detta är av stort intresse för METI.

   Kommunikation är såväl ett mål som ett medel enligt enkätsvaren. I många företag sköter företagets VD kommunikationen avseende APS policy och resultat direkt med sin anställda. Det kan ske genom skrivet material, vid morgonmöten eller i samband med utbildningar. En orsak till att VD själv sköter kommunikationen är att det är ett sätt att framhålla vikten av arbetsmiljöfrågorna såväl som att motivera anställda att leva ett hälsosammare liv. Oftast är dock inte kommunikationen interaktiv. Interaktiviteten är vanligare bland börsnoterade företag. *Belöningar och motivation* behandlas inte i enkäten. Den stora andelen företagsledare som själva sköter kommunikationen med sina anställda är dock ett exempel på en motiverande åtgärd. Inte heller frågor om *lärande* finns med. Men, som Yao & Johanson skriver, behandlas lärande implicit. Detta sker genom att företag kan jämföra sig med andras svar på de olika frågorna men också genom att

METI ständigt reviderar enkäten. Vissa investerare är också intresserade av kunskap om särskilt de börsnoterade företagens APS. METI försöker därför också uppmuntra företag att sprida information om sitt APS till olika intressenter som investerare, kunder, omgivande samhälle, affärspartners och anställdas familjer. Den externa kommunikation med olika intressenter kan också påverka APS-systemet, vilket i sin tur påverkar det ständiga lärandet avseende APS' funktionalitet.

En sammanfattande reflektion är att METIs åtgärder är mer inriktade på den anställdes hälsa en arbetsplatsens arbetsmiljörisker. D.v.s. åtgärderna är mer medarbetarcentrerade, såsom det alltid varit inom japansk företagsamhet. En slutsats av användningen av ramverket är att den kulturella kontexten är mycket väsentlig. Det finns inget ramverk som kan tillämpas generellt genom existensen av en "one size fits all". I vissa sammanhang är en del faktorer obsoleta medan andra saknas.

Slutsatser Svaren på METIs enkät visar att arbetsmiljöstyrningen utvecklats betydligt. Detta gäller såväl de stora som de små företagen. Arbetsmiljöarbetet handlar nu inte bara om risker för olycksfall och sjukdom. Jao och Johanson avslutar sin artikel med ett föreslå ett ramverk anpassat till METIs APS-förslag. I det ramverket ingår, som i vårt, *grundläggande synsätt.* När det gäller *kontextuellt stöd* finns förutom samma faktorer även samarbete. Det senare liksom information till olika intressenter är mycket väsentligt iden japanska kontexten (Nonaka och Nishiguchi, 2001). Även den funktionella processen ser likartad ut med undantaget att *kritiska framgångs- och riskfaktorer saknas. Kommunikation* finns dock med. *Motivation* har delats upp i inneboende och yttre motivation, men också i belöningar och dess motsats, bestraffningar.

Till skillnad från det ramverk som presenterats i kapitel 5 tar Yao & Johanson i sitt förslag med externa faktorer som påverkar APS. Givetvis är det så att lagstiftning, utbildning och incitament från olika externa intressenter har en mycket stor betydelse. Betydelsen av etiska principer, värderingar och samhällsnormer, d.v.s. kulturella faktorer kan inte heller underskattas. Snarare har de en mycket stor betydelse.

Inom organisationer finns kognitiva, normativa och reglerande strukturer och aktiviteter som ger stabilitet och mening åt socialt beteende (Scott, 1995). I vissa institutioner och i vissa situationer kan strikta formella regler ha stor inverkan på enskilda personers beteende. I andra institutioner eller situationer kan dock gemensamma värderingar, normer eller rutiner vid sidan av de formella reglerna tjäna som vägledning för individers agerande. Dessa värderingar, normer och rutiner utvecklas och påverkas av sociala krafter. Ju fler och strängare formella regler och byråkratiserade institutioner det finns, desto mindre utrymme finns kvar för sociala krafter och individers egna idéer och tolkningar (Selznick, 1957). I sin interaktion med andra är företag integrerade i nätverk av relationer, sociala nätverk. Nätverken har ofta utvecklats evolutionärt i defensiva syften, för att skapa stabilitet och ordning (Nelson & Winter, 1982) och motstår ofta förändring. Detta gör det svårt att förstå nya, framväxande fenomen och normer. Kunskapsutveckling blir särskilt viktig i dessa cementerade nätverk. Nonaka & Toyama (2005) anser att den neoklassiska teorin om företaget inte tar hänsyn till den nödvändiga subjektiviteten och dynamiken som behöver finnas i all kunskapsutveckling.

Nonaka och Nishiguchi (2001) använder begreppet "ba" vilket de definierar som en plattform där kunskap skapas, delas och exploateras. Den viktigaste aspekten av ba är interaktion. Kunskap skapas inte bara av en individ utan genom interaktioner mellan individer och med miljön. Ba är dynamiskt i såväl rum som tid (Nonaka & Toyama, 2005). Det är en självöverskridande process som genom fyra faser bygger på interaktion mellan individers subjektivitet. Den första fasen, socialisering, består i överföring av tyst kunskap från en person till en annan genom delad erfarenhet. Det finns inget behov av ett gemensamt språk i denna del av kunskapsprocessen. Nästa fas, externalisering, består av omvandling av tyst kunskap till explicit kunskap. Språket är naturligtvis viktigt i denna del av processen. Men för att agera inom denna fas behöver deltagarna inte bara förstå språket utan också relatera det till erfarenheter inom kunskapsområdet. Fas tre, kombination, består av omvandling av explicit kunskap till mer komplex och systematiserad explicit kunskap. Internalisering, till sist, består

93

av omvandlingen av explicit kunskap till en inom individen integrerad kunskap. Nonaka & Nishiguchi (ibid.) hävdar att kunskap är av verkligt värde för en organisation först när den har internaliserats. Ba-processen är som framgår inte en process som leder till ägande av kunskap. Den påvisar i stället betydelse och faser för en kunskapsutveckling under varande.

Som vi tidigare framhållit förespråkar Nonaka & Toyama (2005) utveckling av något de kallar "kata". De menar att organisatoriska rutiner ofta stelnar och blir byråkratiska. Därmed hindras lärande. Därför bör självförnyande processer eftersträvas. Dessa bör stödja ständigt skapande av "ba". I det ramverk vi diskuterat och föreslagit står begreppet lärande för just dynamiskt utvecklande av "kata" och "ba". Detta sker genom att undvika envägskommunikation mellan människor utan i stället genom att eftersträva interaktiv kommunikation mellan intressenter som önskar att deras liksom verksamhetens grundläggande synsätt respekteras diskuteras så att överenskomna förändringar sker.

6. Ekonomi, etiska principer och begreppet värde

Ekonomer har genom århundraden haft olika motiv bakom de tankar och de verktyg som de förespråkat. Exempelvis var motivet för Pacioli, som levde på 1400-talet och som anses vara upphovsman till dubbel bokföring, att få ordning inom handeln i Italien. Quesnay, livmedikus åt Ludvig den femtonde, och som levde i Versaille, var irriterad över alla profiterande mellanhänder mellan bonden och den slutliga konsumenten av jordbruksprodukter. Adam Smith, liberalismens store förespråkade, hävdade att ekonomin borde lämnas fri utan inblandning, ty den "osynliga handen" kommer till slut att ställa allt tillrätta utan att moraliska problem uppstår (Guilet de Monthoux, 1983). Schmoller i 1800-talets Tyskland, menade att alla värderingar ska förpassas ut ur företaget. Men samtidigt menade han att ekonomens uppgift är skapa ordning och reda i företagen så att nationens ledare kan ägna sig åt viktigare saker. Ingen av dessa ekonomer kan anses ha varit värderingsfria.

Föreställningen om economic man syftar på agerandet vid beslutsfattande, men har inte direkt att göra med beslutsfattarens ansvar. Men konsekvenserna av beslut hänger nära ihop med frågan om ansvar och moraliskt handlande. Ansvar kan vara av många olika slag. Exempelvis kan det handla om en skyldighet att se till att en viss verksamhet fungerar och ansvarsfullt ta konsekvenserna om så inte sker. Till vardags knyter vi ofta ansvar till individers handlande. Det kan handla om en VDs, GDs eller kommundirektörs ansvar när det gäller t.ex. ekonomi och arbetsmiljö liksom andra former av social hållbarhet. Även i den svenska mutlagstiftningen är det individer (t.ex. VD) som kan ställas till ansvar, inte organisationen.

Företagare och företag har förhållit sig mycket olika när det gäller att ta ansvar för hållbarhetsfrågor. T.ex. tog Lever Brothers Ltd på olika sätt ett ansvar för arbetarnas hälsa i 1800-talets England. Ibland tar företag ett ansvar som ligger långt utanför det som kan relateras till den egna verksamheten. Genom sin styrelse och ledning kan företag ta ansvar inte bara för sina medarbetare, utan även för tidigare och potentiella framtida medarbetare och deras barn. Exempel på detta finns bland de svenska bruken (t.ex. Mo och Domsjö AB, som vi återkommer till senare i texten).

Milton Friedman (1970), som i årtionden påverkat det globala företagandet menar att företagen inte ska tillskrivas ansvar. Företagens uppgift är att tillfredsställa aktieägarnas avkastningskrav på sitt investerade kapital. Bristande ansvar ligger också bakom många företagskatastrofer t.ex. oljeutsläpp eller den stora katastrofen i Bangladesh när ett stort antal sömmerskor omkom vid en brand i en textilfabrik. Som en reaktion mot bristande ansvar har många större företag numera accepterat tanken på att företag har ett socialt ansvar.

Ansvar uppstår i samband med utövning av något. En individ, en grupp eller en organisation kan och bör ikläda sig ansvar. Det är inte bara vid olyckor eller katastrofer som ansvarsfrågan kan aktualiseras. Även opersonliga och abstrakta administrativa system som till exempel rapporter, styrnings- och affärsmodeller kan implicit medverka till konsekvenser som aktualiserar ansvarsfrågor, t.ex. psykosociala problem på en arbetsplats. Frågan om ansvar blir därför en fråga som har starka kopplingar till moral och etik.

Att begreppet ansvar har att göra med ''att svara på ett svar'' framgår av själva ordet. Företag tilltalar sina medarbetare, aktieägare, kunder och andra intressenter på olika sätt och med mer eller mindre formella instrument. Företagen behöver ''svara an'' på krav och förväntningar från sin omvärld. Ett företags affärsmodell är ett tydligt uttryck för både tilltal och svar, d.v.s. ansvar. Genom sitt val av råvaror, sina produkter och produktionsprocesser, rapportering och andra kommunikationskanaler tilltalar och svarar företaget sina intressenter. Dessa val och handlingar har sin grund i mer eller mindre medvetna reflektioner och de får moraliska konsekvenser.

En organisations intressenter, t.ex. anställda, fackföreningar och hälsovården men också kunder och underleverantörer förväntar sig att ledningen för organisationen inte bara tar ansvar för förvaltningen av organisationen, utan även agerar etiskt ansvarsfullt när det gäller såväl ekologisk som social och ekonomisk hållbarhet (Donaldson, 2008). Hållbarhet utifrån ett intressentperspektiv är alltså mycket komplext. Det kan finnas många olika åsikter eftersom så många olika intressenter ofta är inblandade och behöver sammanjämkas. Mellan intressenterna råder nästan alltid en obalans. Vissa har större makt än andra eller påverkas mer än andra i en given situation. Sammanjämkningsprocessen försvåras och kan ge upphov till motsättningar och spänningar som varken kan eller ska ignoreras. Tvärtom är det viktigt att åsiktsskillnader lyfts fram. Sådana samtal och diskussioner är viktiga för att undvika etisk blindhet (Romberg, 2021). Människor kan ibland agera tvärt emot sina grundläggande värderingar. Det kan i vissa trängda situationer vara ett helt medvetet agerande, men i andra situationer vara helt omedvetet. Omedvetet handlande är ofta en konsekvens av intuitivt eller mekaniskt, d.v.s ett oreflekterat, agerande (Palazzo et al, 2012).

Fundera över och diskutera kring i vilken grad privata och offentliga organisationer bör ta ansvar. Ge exempel på situationer när en organisation tagit sitt ansvar eller inte tagit sitt ansvar.

Begreppen etik och moral skiljer sig åt genom att etiken grundas på en vision om hur vi ska leva, en vision om det goda livet (Kemp, 1991). Moral däremot handlar om de normer och regler med vilka vi försöker omsätta etiken till handlande. Eller annorlunda uttryckt; Moral kan sägas beteckna vårt handlande och våra uppfattningar om hur man bör handla medan etik handlar om den teoretiska reflektionen över moralen. I nästa avsnitt går vi närmare in på olika etiska principer.

6.1 Etiska principer

Ekonomen Schumpeter (1994), liksom många andra, menar att företagande liksom ekonomiämnet varken kan eller bör särskiljas från andra ämnen som t.ex. psykologi, sociologi och filosofi. Till syvende och sist är det människor som agerar. Vårt agerande sker inom kulturella ramar och strukturer som påverkas av rådande kunskap, normer, politiska system men också av vad vi tror om framtiden.

> Vad anser du/ni, bör ekonomiämnet vara skiljt från andra ämnet eller
> ej? Diskutera för och emot Schumpeters uppfattning.

Eftersom bokens inriktning handlar om att utgå från, kritiskt ifrågasätta och om möjligt försöka förstå hur ekonomi och arbetsmiljö kan förenas och utvecklas för individhälsans befrämjande kommer vi i huvudsak, men inte helt, att diskutera klassiska ekonomers tankar om etik och moral. Men låt oss först vända tillbaka till den övergripande moralfilosofiska ideologi som var existerade i det forntida Egypten. Under 3000 år ansågs två olika människotyper existera, den hetsige, hete och den tigande, svale. Den hetsige ansågs vara destruktiv, sprida osämja, ljuga och präglas av ett strakt habegär. Tigaren var lugn, måttfull, vänlig och ödmjuk. Den senare ansågs av vishetslärarna vara mer positiv än den förre. Den dominerande filosofin om vikten av jämvikt och ordning hade samband med Maat-läran, som innebar att världen såväl som människan är strukturerad och ordnad. Att störa ordningen var att göra det onda medan att leva i överensstämmelse med den var att göra det moraliskt rätta (Englund, 2006). Att upprätthålla Maat-ordningen var faraons främsta uppgift och staten var till för att förverkliga Maat. Destruktiva och aggressiva krafter hos människan skulle bekämpas.

      1700tals-ekonomen och filosofen Adam Smith uttrycker sin etiska grundsyn när han säger att människan i grunden är egoistisk i sitt handlande. Smith skriver; "Det är inte av slaktarens, bryggarens eller bagarens välvilja som vi väntar oss att få vår middag, utan av deras omtanke om sitt eget intresse. Vi vädjar, inte till deras människovänlighet utan till deras egennytta och talar aldrig med dem om våra egna behov utan om deras vinning" (Pålsson Syll 1999, s 111). Men trots detta, menar Adam Smith, finns vissa grundprinciper i människans väsen som gör att hon ibland också kan se till andras lycka. När människan i sitt handlande agerar egoistiskt leds hon "… av en osynlig hand till att främja ett ändamål som inte har haft någon del i hennes syfte" (Pålsson Syll, 1999, s 111). De moraliska konsekvenserna av handlandet blir någon osynlig annans ansvar. Men, menar Smith, ibland krävs att handen bli synlig, d.v.s. staten eller någon annan aktör behöver ingripa. Smith's osynliga hand har fått ett alltför stort inflytande över, inte bara kapitalismen och konsumismen och därmed även företagen, utan över samhället på alla nivåer. Detta kommer vi att återkomma till upprepade gånger i den följande texten.

Vi menar alltså att den osynliga handen har fått ett alltför stort inflytande, men vad tycker du/ni? Ge gärna exempel.

I rättvisans namn bör påpekas att andra, t.ex. Sen (2001), som analyserat Smiths texter, hävdar att Smith uttryckt en helt motsatt åsikt när det gäller människans själviskhet nämligen att människan känner ansvar för andra genom att inte sätta sin egen egennytta i centrum. Men Sen håller inte med. Han anser att det är just iden om människans själviskhet, som kan uppfattas som en av de stora bristerna i den samtida ekonomiska teorin. Denna åsikt från Smith är nära besläktad med att nationalekonomin fjärmats från etiken.

En gren av den tillämpade etiken fokuserar organisationer, den s.k. organisationsetiken (Brytting, 2009). Inom ramen för denna behandlas frågeställningar som rör värdekonflikter och etiska val i arbetssituationer där formella och informella maktförhållanden i stor utsträckning påverkar individen. Utifrån ett organisationsperspektiv kan det vidare vara användbart att utgå ifrån den distinktion Blennberger (2009) gör mellan vad han benämner minimalistisk och maximalistisk etik. "Med en minimalistisk nivå menar jag att man undviker att göra fel, man följer lagen och gör det som alla uppfattar som en självklar plikt." (Blennberger, 2009 s. 123) Men, denna miniminivå räcker inte utan måste kompletteras med den maximalistiska etiken som innebär att "formulera ett vidare ansvar – att bidra till ett gott samhälle och ett gott liv." (Blennberger, 2009 s. 124)

Även detta, dvs den minimalistiska eller maximalistiska etiken tål att diskuteras. Rimligen är det svårt att ha en generell åsikt. Snarare är det väl situationsberoende!??! Reflektera över och diskutera även detta.

Det finns åtskilliga teorier och begrepp avseende etik. Dessa kan också beskrivas och klassificeras på olika sätt. T.ex. om den normativa etiken strävar efter att komma fram till handlingsregler är den deskriptiva etiken inriktad mot att klarlägga och förstå förhållningssätt och resonemang (Borglund, 2009). Väl medvetna om etikbegreppets många olika innebörder och komplexitet begränsar vi vår fortsatta text till två vanligt förkommande och direkt motsägande grundläggande perspektiv, nämligen konsekvensetik eller teleologiska teorier och pliktetik eller deontologiska teorier. För att uppnå syftet med denna bok tror vi att detta räcker.

Konsekvensetiken bygger på idén om rationalitet. Konsekvensetikens upphovsman anses vara Jeremy Bentham. Han vara också en viktig förgrundsgestalt inom ekonomi (Runciman, 2024). Bentham menade att den ekonomiska teorins syfte är att utforska egenintressets och nyttans mekanik (Pålsson Syll). Människans mål är att maximera nettosumman av lust och olust d.v.s. att uppnå den största mängden nytta. Runciman menar att utilitarismen genom användandet av siffror hjälper till att sålla bort nonsens och tyckande. Men utilitarismen kritiseras också t.ex. av John Stuart Mill som menade att det finns åtskilligt, t.ex. kärlek och konst, som inte kan beräknas i en nyttokalkyl (Runciman, 2024). Nyttokalkylerandet har förstärkts genom utvecklingen av den digitala övervakning som sker med hjälp av datorer och smarta mobiltelefoner. Runciman menar att detta allvarligt bidrar till övervakningskapitalism, som genom olika algoritmer leder till ett ökat behov att jämföra sig själv med andra.

Utilitarismen kan också kritiseras för att förutsätta fullständig rationalitet och tillgång till perfekt information (jfr economic man). Att verkligen kunna beräkna och förutsäga alla möjliga konsekvenser av en viss handling och samtidigt kunna jämföra ett alternativ med alla andra möjliga alternativa handlingar och dess tänkbara konsekvenser är nästan aldrig möjligt (Almqvist et al, 2012). Den renodlade utilitarismen bortser också från medlen för att nå målet. Därmed kan människors värdighet kränkas. Den sammanlagda nyttan är viktigare än den enskilda individens och hennes behov. En följd av detta resonemang är att den personliga integriteten åsidosätts.

Konsekvensetiken, utilitarismen är nog det vanligaste etiska förhållningssättet för de flesta av oss, eller …..? I vilka situationer är det vanligast? När är det inte så vanligt?

Överdriven kvantifiering kan leda till att andra värden i livet åsidosätts. Är det en värld som vi människor vill leva i? Den amerikanska filosofen John Rawls menar att nyttokalkylerandet bör ersättas av intuition (Runciman, 2024). Om utfallet av en nyttokalkyl känns fel, så är det troligen så. Det viktiga är att ta individen på allvar. Rawl ägnade många år åt att utveckla och publicera en teori om rättvisa som bygger på tre väsentliga faktorer; rättvisa, jämställd frihet och rättvis fördelning. Innebörden av det sistnämnd är att ingen människa ska offras för att öka andras välbefinnande. Däremot behöver de särskilt utsatta, ofta fattiga, tilldelas resurser genom en rimlig fördelningspolitik. Det är inte grundläggande överenskommelser som är det viktigaste för en rättvis fördelning utan respekt och acceptans för hur andra människor lever.

Rawl kritiserades av sin Harward-kollega Robert Nozick (Runciman), som hävdade att människor har rättigheter som ingen annan, inte ens staten, ska sätta sig över. Men eftersom vi tar staten som en självklarhet behöver vi ställa oss frågan vad som rättfärdigar staten. För att bevaka en naturlig rättighet som uppstår till följd av människans egen produktion dvs äganderätt rättfärdigas statens existens. Men han menar också att äganderätten ska hävdas inom ramen för en marknadsekonomi där den osynliga handen (jfr Adam Smith) råder som ett instrument för att vaka över äganderätten. Inom ramen för detta kommer olika marknadsbaserade organisationer att konkurrera för att ge olika marknadsaktörer den bästa servicen. På så sätt kommer fler och fler att vilja delta. Ju fler som deltar desto fler vill också delta.

Den människosyn som Adam Smith förfäktar, åtminstone i en del av sina skrifter, skiljer sig rejält från Immanuel Kants. Den senare menade att människan alltid ska handla så att hon respekterar andra människor inte som ett medel för att uppnå något mål utan som ett mål i sig. Människans värde är omätbart och kan inte prissättas. "För det som har pris kan något annat sättas i stället, men det som står över allt pris och således icke kan ersättas med något annat, det har värdighet" (Kant enligt Kemp, 1991, s 34). Människan är alltså oersättlig. Kant framförde sin etiksyn när industrialiseringen började förändra samhället och människor började bli utbytbara (Kemp). Men, hävdar Hodgkinson (enligt Kemp) det är skillnad mellan att vara oumbärlig och oersättlig. "No one is indispensable. Everyone is irreplaceable".

Till skillnad från konsekvensetiken utgår pliktetiken från att det finns universella principer som möjliggör att skilja mellan gott och ont. Principerna innebär en plikt för hur människor, oberoende av konsekvenser, bör handla. Inom pliktetiken uppmärksammas därför regler, plikt och rättigheter (Brytting, 1998). Mänsklig handling kan utifrån ett pliktetiskt perspektiv baseras på handlingens inneboende kvaliteter och utifrån dessa bedömas vara god eller ond. Kant utvecklade det han kallade för det kategoriska imperativet, en samling principer som kan ses som en utveckling av ordspråket `handla mot andra såsom du vill att de ska handla mot dig´. Kant formulerade sitt kategoriska imperativ på olika sätt av vilka Bowie (1999) härleder tre: (1) Agera enbart utifrån maximer som du kan önska vara universella naturlagar. (2) Behandla alltid det mänskliga hos en person som ett mål och aldrig som ett medel. (3) Agera som om du vore medlem i ett idealrike i vilket du både är regent och undersåte.

Konsekvensetik eller pliktetik, det är frågan? Inte heller denna fråga kan väl ges ett generellt svar? Men när är det ena rimligare än det andra? Detta kan verkligen diskuteras. Diskutera exempel på olika situationer

Pliktetiska perspektiv bör vara universella så att det som är rätt för mig även är rätt för alla andra och tvärtom. Regler och normer bör vara accepterade, objektiva, obundna av och autonoma i förhållande till utformarens motiv. Den autonoma viljan ska enligt Kant vara oberoende av begär, auktoriteter och traditioner. "I relation till den andre innebär autonomi att man förhåller sig ansvarig för sina handlingar. Förståelse och omdöme har därmed stor betydelse för autonomin." (Falkenström, 2009 s. 139). Det är inte ovanligt att det uppstår konflikt mellan olika regler och normer. Då måste en "…prioritering ske på grundval av en analys av den konkreta situationens moraliskt relevanta drag" (Ofstad, 1983 s. 34). D.v.s. för att bidra till det allmänna goda eller den universella solidariteten, som Ofstad kallar det, måste moralen ständigt bygga på etisk reflektion och oftast också på dialog med andra. Sådan dialog behöver vara äkta och bygga på ömsesidig respekt i ett ödmjukt sökande efter den rimliga ståndpunkten i en viss fråga. Som vi tidigare framhållit är det mycket vanligt att dialogen inte är ideal.

Pliktetik kan ligga bakom följande text hämtad ur Namdalen historie (Chistiansen,1999). Även om fattiga även tidigare tagits om hand på olika sätt antogs en fattigdomsförordning i Norge redan år 1769. Någon slags "legdesystem" hade, troligen av pliktetiska skäl funnits även tidigare. Skälet till att fattigvården organiserades 1769 var att man ville få slut på tiggeriet, d.v.s. konsekvensetiskt. Namdalen delades in i 28 legder och varje legd bestod av 3-5 gårdar. Det fanns plats för 28 fattiga som fick mat och rum när de cirkulerade mellan gårdarna, 8-14 dagar på varje ställe. Fattigdom kunde uppstå av olika skäl. Ett sådant kunde vara att männen drunknade i samband med fiske. I Namdalens historie skrivs om den stora olyckan när cirka 200 personer drunknade utanför ögruppen Sklinna pga ett snabbt väderomslag. Många båtar låg samlade för att åka till Lofoten för det årliga fisket av skrei.

Ett legd-exempel är den mer än 100 år gamla Anne som kom från Sklinna men gick på legd på ön Leka i början av 1900-talet. Sklinna ligger ca 30 nautiska mil utanför Leka. Anne som blev 103 år bodde kortare eller längre tid på olika gårdar beroende på gårdarnas storlek.

De båda grundläggande etiska perspektiven är ständigt närvarande i allt mänskligt handlande. Konsekvensetiken (utilitarismen) är oftast vanligast i det vardagliga nyttofixerade agerandet, men ibland träder pliktetiken (deontologin) in. Det påbud som finns i budordet "Du skall icke dräpa" är absolut. Det få inte ske under några omständigheter. Men detta påbud kringgås ofta. Det är tydligt i krig när nyttoöverväganden är legio. När det gäller ekologiska liksom sociala frågor uppstår ideliga konflikter mellan de olika grundprinciperna.

Enligt Milton Friedmans (1970) och många andras uppfattning ska företagsägarnas intressen prioriteras över alla andra intressenter (t.ex. anställdas). På denna punkt uppstår problem i det pliktetiska resonemanget eftersom två olika regler härmed kan komma att stå i konflikt mot varandra. Ägarnas intressen behöver inte alltid stämma överens med andra intressenters. Inom skogsbruket kan t.ex. bevarandet av skog som innehåller en biologisk mångfald stå i konflikt med en effektiv avverkning, genom kalhyggen, för att säkerställa en kostnadseffektiv papperstillverkning. Detta innebär en kollision mellan den pliktetiska principen om naturens inneboende värde och den konsekvensetiska principen om ett effektivt och lönsamt skogsbruk.

Ekonomi, hållbarhet, etik och moral hänger givetvis ihop. Men en kategorisk tillämpning av vare sig Kant eller Bentham eller de etiska principerna blir problematisk. Att strikt handla efter en viss grundläggande etisk princip är inte alltid lätt. Därför är dubbelmoral till viss del nödvändig säger Gustavsson (1988). Inte i dess nedvärderande, sensationssökande betydelse utan den är en grundförutsättning för att det normstyrda samhället ska fungera. Hänsyn behöver tas till kontexten. Flexibilitet och anpassning till nya omständigheter eller nyvunnen kunskap är nödvändig. Gustavsson menar att pliktetiken som är kopplad till ett företags normativa planering, budgetering, beslutsfattande och ledning har problem när det gäller flexibilitet. En alltför strikt pliktetiskt baserad tillämpning riskerar att undergräva förmågan till nödvändig anpassning till ändrade samhälleliga normer. Det viktiga är att en grundläggande etisk reflektion ligger bakom handlingsmoralen. Men i många organisationer kan det finnas en moralisk stumhet, som kan utvecklas till moralisk blindhet och sedan till moralisk handlingsförlamning (Trollestad, 2009). Klimatfrågorna och social hållbarhet förstärker behovet av att komma tillrätta med stumheten. Ett företags affärsmodell, d.v.s. de explicit uttryckta tankar och handlande som är en organisations fundament kan sägas vara den etiska reflektionens och diskussionens agora (mötesplats), utifrån vilken moralhandlingar av olika slag genomförs.

Moralhandlingar i allmänhet liksom de som påverkar klimat och hållbarhetsfrågor i en eller annan riktning är menar Aristoteles (Schumpeter, 1994) beroende av hur individen arbetar med sig själv för att uppnå det goda livet. Moralprinciperna är sekundära. Moraliska förebilder i form av "goda män" behövs. När det goda livet förverkligas yttrar det sig som dygder. "En dygd är en lovvärd duglighet eller kapacitet hos en människa, ett framstående karaktärsdrag som uttrycker sig i hållningen" (Kemp, 1991 s. 54). Denna dygdetik skiljer sig från konsekvensetiken och pliktetiken genom att den inte bara fokuserar reflektionen eller den enskilda handlingen utan framför allt fokuserar den handlande individens egenskaper (dygder). Affärsmodellen, den interaktiva kommunikationen med intressenterna och den interna verksamhetsstyrningen kan befrämja eller försvaga de "goda männens" och därmed företagets möjligheter att utöva moraliska handlingar när det gäller arbetsmiljö och andra hållbarhetsfrågor.

Etiska principer och moraliska handlingar är ständigt närvarande i människans liv. Det borde vara områden för ständig reflektion såväl på individ- som samhällsnivå. Men alltför ofta är det inte så. Våra nutida samhällen präglas av en mycket hög aktivitetsnivå som leder till en prioritering av handling på bekostnad av reflektion. T.ex. när det gäller ramverket för arbetsmiljöstyrning (liksom andra former av verksamhetsstyrning), som vi presenterade i kapitel 5, fungerar nog den funktionella processen liksom det kontextuella stödet rutinmässigt och oftast bra medan interaktiv kommunikation, motivation och lärande inte ägnas den reflektion och omsorg som skulle behövas för en god styrning i samklang med grundläggande synsätt och styrningsideal. De etiska principer och moraliska handlingar som påverkas av eller påverkar kommunikation, motivation och lärande hänger också ihop med vad vi alla anser vara värdefullt i vår stund på jorden. Vad innebär egentligen ordet värde? Detta tar vi upp i nästa avsnitt.

> I vilka situationer och hur ofta reflekterar du själv kring etiska principer eller moraliska handlinga? Som förberedelse till nästa avsnitt tänk efter vilken första association du eller din grupp får när du hörs eller ser ordet värde.

6.2 Om begreppen värde och ekonomi

Orden värdefullt och värdesätta är nära förknippade med etiska principer och moraliskt handlande. Om ordet värdefullt ofta associeras med ekonomiskt värde brukar begreppet värdesätta oftare förknippas med levnadsfrågor av existentiell karaktär.

Värdebegreppet har diskuterats i flera hundra år. För merkantilisterna under, före och efter 1600-talet var pengar det viktiga och det som styrde samhällsekonomin (Pålsson Syll). Det var det däremot inte för Francois Quesnay, som levde under 1700-talet och var livmedikus åt Ludvig den XV. Han hävdade att värde inte handlar om pengar utan att värde är det som uppstår som resultat av jordbruk d.v.s. bröd, kött, grönsaker och vin (Guillet de Monthoux, 1983). "Handel är nyttigt men handelsmannen är en kostnad som ska minimeras… Handelsmannens status beror på att vi inte inser att pengar i sig är värdelösa." (Ibid s 40). Denna moraliserande åsikt var inte unik för Quesnay utan även för andra fysiokrater, d.v.s. för de tongivande franska ekonomer som levde under 1700-talet. För dem handlade ekonomi om praktisk jordnära hushållning. Guillet de Monthoux (1983, sid 405) summerar "…att äga betyder för den konkrete ekonomen en förpliktelse att väl förvalta naturen". Att pengar har en organisatorisk roll (Guillet de Monthoux, 1987) för att möjliggöra samverkan när det gäller distribution och konsumtion av varor bortsåg fysiokraterna från.

Quesnay och fysiokraterna är intressanta även därför att deras syn på värde och ekonomi är tydligt moraliserande. De sätter också fingret på intressentperspektivets betydelse för värdebegreppet. Det finns oftast många intressenter av en organisations (privat eller offentlig) verksamhet. Till exempel, när det gäller social hållbarhet, främst arbetsmiljö, kan intressenterna vara anställda, ledning, ägare, fackföreningar, omgivande samhälle, anställdas familjer m.fl.

Även om fysiokraterna och Quesnay levde för mer än 200 år sedan aktualiserar deras syn de etiska principer som hänger ihop med begreppet värde eller snarare värdebegreppen. Antalet begrepp är nämligen ändlöst t.ex.: bruksvärde, bytesvärde, nyttovärde, inbyggt värde, arbetskraftens värde, mervärde, det naturliga priset, absolut värde, värdeaddition, förädlingsvärde, produktionsvärde, marknadsvärde, kulturvärde. Enligt Svensk Etymologisk ordbok (Ernby, 2008) kommer ordet värde från fornsvenskan och betyder nytta eller betydelse av något. Men nytta och betydelse kan vara av helt olika slag. Med koppling till etiska principer är ju ordet nytta närmast relaterat till konsekvensetik medan ordet betydelse kan förutom konsekvensetik också relateras till såväl pliktetik som dygdetik. Men såväl nytta som betydelse kan också ses ur många olika intressentrelaterade perspektiv som oftast är nära kopplade till grundläggande etiska principer.

Synen på att ekonomi handlar om praktisk hushållning fanns bland många fler 1700-talsekonomer. Ett exempel på det är Sveriges och Nordens första professor i ekonomi Anders Berch, som i likhet med sin samtida kollega vid Uppsala universitet, Carl von Linné, samlade och klassificerade, inte växter och djur som Linné, utan plogar och andra praktiskt nyttiga ting. Berch ansåg att studenterna i sin undervisning inte bara skulle tränas i att göra ekonomiska beräkningar utan även tillämpa dem praktiskt (Johannisson, 1988). När Berch skulle utnämnas till professor ifrågasattes utnämningen av Vetenskapsakademin p.g.a. att ämnet ekonomi ansågs höra en bonde till. Berch's och fysiokraternas ekonomisyn ventilerades också av 1600-talsprofessorn i Lund, rättsfilosofen von Pufendorf. Även han försökte sig på att besvara vad värde är. Han skiljde mellan det gemena värdet och det höga värdet. Det gemena värdet handlar om möjligheten att uppfylla ett visst behov, d.v.s. nyttan. Med det höga värdet avsågs det vi numera kallar för penningvärdet (Pålsson Syll, 1998).

Adam Smith, som var samtida Quesnay, förändrade synen på handhavandet av naturen när han hävdade att naturen kan exproprieras, tas i beslag. Det är existensen av den fysiska naturen och den fysiska befolkningen som gör att värde uppstår (Guillet de Monthoux, 1983). Hos en del av ekonomerna under 1700-talet och 1800-talets början (t.ex. Gide) sker en fortsatt koppling mellan ekologi och den konkreta ekonomin när de diskuterar värdebegreppet. I nästa avsnitt fortsätter vi med en diskussion av begreppet värde och dess koppling till existentiella frågor och därmed även till arbetsmiljö.

Vad kan sägas om fysiokraternas och vetenskapsakademiens åsikter om ekonomi? Är det ett alltför gammalt synsätt, eller ligger det fortfarande något i deras åsikter?

6.3 Olika värdebegrepp och deras relation till etiska principer

En varas värde bestäms främst av dess produktionskostnader hävdade Adam Smith. Detta görs genom en addition av främst löner, kapitalkostnader (d.v.s. räntor) och vinst. Till denna uppfattning ansluter sig även Ricardo (Schumpeter, 1994). Men Ricardo lägger till att det är nästan uteslutande mängden av arbete som lagts ner på varan som bestämmer dess värde. Att försöka fastlägga detta naturliga eller absoluta bytesvärde med goda och noggranna mätmetoder var viktigt för 1700-1800talsekonomen Ricardo (Schumpeter, 1994). Smith menade att det naturliga värdet till sist graviterar runt och stannar på den nivå som utgör det naturliga värdet (Guillet de Monthoux, 1983).

En varas bruksvärde däremot kan totalt avvika från Ricardos uppfattning genom att det påverkas av den, oftast subjektiva, nytta som brukaren menar sig ha av varan. Aristoteles skiljer mellan begreppen bruksvärde och bytesvärde. Om bruksvärdet reflekterar varans naturlika, materiella egenskaper så representerar bytesvärdet det som gör att varan kan likställas och därmed göras utbytbar med andra varor (Pålsson Syll, 1998). Men bytesvärdet kan vara bedrägligt genom att det kan innehålla värdeparadoxer. Detta konstaterade redan Davanzati år 1588 (Schumpeter, 1994). Han menade att många användbara varor t.ex. vatten har ett mycket lågt bytesvärde jämfört med t.ex. diamanter. Men bytesvärdet kan också variera beroende på varans nödvändighet. För den som befinner sig i nödvändighetens rike (diskuteras senare i texten) och har ett akut behov av vatten för sin överlevnad är bytesvärdet av vatten vara mycket högt.

Ur ett moraliskt perspektiv finns fler problem med begreppet bytesvärde. Kant, som vi tidigare citerat, menade ju att prissättning kan leda till prisgivning. Oavsett om den utilitaristiskt baserade prissättningen är baserad på produktionskostnader (enligt Quesnay eller Ricardo) eller bruksvärde (t.ex. marknadsvärde) kan vi tolka Kant som att det bytesvärde som då artikuleras och överenskoms om kan leda till en handling som kolliderar med pliktetisk eller dygdetisk moral.

Jean-Baptiste Say vände sig mot Smiths och Ricardos realvärdeläror och betonade i stället den subjektiva nyttans roll vid bestämning av en varas värde (Pålsson Syll, 1998). Say var också föregångare till ett antal harmoniekonomer som menade att om de ekonomiska krafterna fick fritt spelutrymme skulle jämvikt uppnås mellan samhällets klasser och olika intressen (Ibid). Den harmoniska grundsynen förefaller idag, dessvärre, helt orealistisk. Gabriel Tarde, som anses vara den ekonomiska psykologins fader, drog iväg än mer åt det abstrakta hållet i sin syn på värdebegreppet. Han använder ordet värde i relation till människors konversation med varandra. Det är konversationen som skapar värde i samhället. Den är överordnad samhällsekonomin och gör att rykte och vanrykte, ära och vanära liksom makt och vanmakt tilldelas individer (Asplund, 1987). Tardes ideer, som uttrycktes i slutet av 1800-talet har relevans och kanske ännu större relevans idag när information och reklam fått en mycket framträdande roll i all samhällelig kommunikation. Vi kommer också att understryka den interaktiva kommunikationens betydelse för en hållbar och därmed för anställda värdefull arbetsmiljö.

Tarde's tankar står i skarp kontrast till den tyske artonhundratals-ekonomen Gustav Schmoller's idéer. Han menade att alla värderingar ska förpassas ut ur företaget. Företaget ska vara en arbetsapparat baserad på teknisk kompetens. Det är ledarnas uppgift att tämja företagen till lydiga redskap för att stabilisera konjunktursvängningar. En sådan perfekt företagsorganisation blir en idealisk lösning på samhällets orättvisor (Guillet de Monthoux, 1983).

Fundera över och diskutera gärna med andra vad värde egentligen kan betyda. Hur ser du/ni de olika värdebegreppens innebörd och vilken kopplingen till olika etiska principer har de olika begreppen.

Diskussionen om värdebegreppet är i allra högsta grad central i förhållande till organisationssystemets olika intressenter. Värderingarna och därmed synen på värde varierar avsevärt mellan olika intressenter. För aktieägare är avkastningen på investerat kapital (konsekvensetiskt baserat värde) viktigare än för organisationer som arbetar med mänskliga rättigheter (deontologiskt baserat värde). Men så enkelt är det inte heller. För den enskilde aktieägaren kan kanske absoluta värden baserade på deontologiska principer vara vägledande av dygdeetiska skäl. Även för den enskilda klimatintressenten kanske det utilitaristiskt baserade bytesvärdet är viktigast i en given situation. Relaterat till ett företags affärsmodell blir problemet komplext, men därmed inte oviktigt. Snarare tvärtom, d.v.s. att förstå och formulera respektive intressents värdeönskemål (-krav) är den mest fundamentala och ansvarskrävande uppgiften i det ständiga arbetet med att utveckla affärsmodellen, dess värdegrund och därmed strategier.

För Marx är den nedlagda arbetstiden det centrala måttet på värde. De neoklassiska ekonomerna däremot definierar värde utifrån utbud och efterfrågan. Det handlar alltså inte alls om den tid som åtgår för att producera varan eller tjänsten utan om marginalnyttan för den som köper varan. Men nyttan är beroende av om det är brist eller överflöd av en viss vara invänder Hägglund (2020). Han fortsätter "...knapphet eller överflöd av en vara kan existera endast för någon som kan vinna eller förlora tid att leva ett liv som har betydelse för henne." (Hägglund, s 291). Hägglund tillägger att även begreppet alternativkostnad är endast begripligt för den som värderar sin egen tid. Han avslutar kritiken mot den neoklassiska nationalekonomins syn på värde med att hävda att den senare, som bygger på subjektiva preferenser, innehåller en motsägelse. Med vattenproduktion som utgångspunkt menar han att brist eller överflöd av vatten beror på de objektiva villkoren för att producera vattnet. Vattnets marginalnytta kan inte avgöras annat än i relation till hur mycket tid som åtgår till att producera vattnet.

För intressentgruppen anställda är begreppet mervärde särskilt relevant. Det av Karl Marx använda begreppet mervärdet genereras av den tid som åtgår till arbete. D.v.s. mervärdet avgörs av hur mycket tid som åtgår för att producera något (Hägglund, 2020). Mervärdet som skapas ger möjlighet till frihet men skapar också incitament för exploatering av arbetstiden genom användning av lönearbetets sociala form (Ibid). Det senare sker genom att arbetskraften köps.

Mervärde har sin nutida motsvarighet i begreppet förädlingsvärde, som förenklat kan uttryckas som ett företags försäljningsintäkter minus kostnader för dels råvaror och andra inköp dels avskrivningar. Detta förädlingsvärde visar vad som finns att fördela mellan anställda (löner och andra personalkostnader) och kapitalägare (avkastning på investerat kapital). Hur detta bör fördelas är en fråga som innehåller många delfrågor. Ur anställdas perspektiv är företagets förmåga att t.ex. betala rimliga löner, hälsovård, pensioner m.m. liksom långsiktig överlevnad viktigt. Men inte bara detta, även frågor om mänskliga rättigheter och klimat torde vara viktiga.

Är begreppen mervärde eller förädlingsvärde rimliga att använda även idag?

Vi har ännu inte berört pengars roll som uttryck för t.e.x. en varas värde. Vi gör det i nästa avsnitt.

6.4 Värde, språkhandlingar och pengar

Som vi tidigare framhållit brukar värde ofta relateras till nytta och uttryckas i pengar eller tal. Men enligt Ernby kommer ordet från det fornsvenska ordet "värp" som uttrycker nytta eller betydelse hos något. Det senare, d.v.s. betydelsen hos något, är också centralt i relation till olika intressenter. I stället för tal eller pengar kan erbjudandet om handling vara det viktigaste. En handling kan vara fysisk men den kan också vara språklig. Formulering av affärsmodellers innehåll och dess värdeerbjudande till olika intressenter kan utgöras av språkhandlingar.

Språkfilosofen Austin (1961) hävdade att vissa språkliga uttryck kan ses som språkhandlingar genom att effekten av språket resulterar i en handling. Ett vanligt exempel är utsagan i samband med en vigselakt " Jag N.N. tager dig M.M. till äkta make ….". Utsagan övergår till en rättsligt bindande handling. Språkhandlingen blir performativ genom att den påverkar något i det sociala sammanhanget. Språkhandlingen behöver emellertid inte föregå den fysiska handlingen. Det kan också vara tvärtom d.v.s. den fysiska handlingen övergår i en språkhandling. Med referens till ekonomen Knapp på 1800 talet, påpekar Guillet de Monthoux (1987) att redan förändringen av materialet i mynt, från järn till silver eller guld, innebar en språkhandling när "Der Staat sagt: Die neue Einheit heisst Pfund Silber".

Språkhandlingar som exempelvis den senare, och som föregår den fysiska handlingen avses få en konsekvens av något slag. Det kan vara av konsekvensetiska eller dygdetiska skäl, men också av pliktetiska skäl. Detta gäller t.ex. påbudet "Du skall icke dräpa". Denna språkhandling avses vara performativ. En performativ kraft är det som gör att vissa språkliga uttryck och språkhandlingar resulterar i en handling (Austin, 1961).

En annan typ av språkhandlingar är berättelser om myter i syfte att stärka ett dygdmoraliskt handlande. Sådana berättelser finns det gott om exempelvis i grekisk, egyptisk och fornnordisk mytologi. Ett mer aktuellt exempel är berättelsen om Ingvar Kamprad och hur han grundande och ledde Ikea. Myten om Kamprad och Ikea berättades oavbrutet och ledde till handling hos ett otal människor, genom köp eller genom ansökan om anställning i IKEA.

Språkhandlingar kan också leda till oavsiktliga konsekvenser. Ett exempel på detta är det vanliga uttrycket "Vi har inte råd". Syftet är att stoppa en åtgärd men vad avses egentligen med uttrycket? Är det att stoppa en åtgärd just nu eller för all tid och vad är det som ligger bakom utsagan? Är likviditeten ett problem eller är det den långsiktiga hushållningen med naturresurser eller vad? Hursomhelst kräver alla utsagor från ett företag en noga genomtänkt förståelse och formulering av relationen mellan företaget och respektive intressent.

> Fundera över vilka slags språkhandlingar som du varit med om på ett eller annat sätt. Var de/är de performativa?

Värde skapas genom fysisk handling eller genom språkhandling. Ett deontologiskt grundat löfte att inte fälla skog p.g.a. existensen av lavskrikor i området sänker priset på avverkningsbar skog samtidigt som det höjer värdet för miljöintressenter. Alla handlingar, som sker av konsekvensetiska skäl innefattar troligen någon form av värdering. Värderingen kan ske genom att produktionsvärdet beräknas genom en självkostnadskalkyl. En investerings lönsamhet beräknas med hjälp av en investeringskalkyl och ett marknadsvärde bestäms genom en bedömning av kundernas betalningsvilja. Men, som sagts, det är inte värderingen som skapar värdet. Men värderingen kan bli en performativ språkhandling som skapar fysisk handling. Detta är t.ex. tydligt vid auktioner av olika slag.

En helt annan typ av resonerande om värde står den tyske redovisningsekonomen Eugen Schmalenbach för. Hans åsikter har haft stort inflytande på utformningen av och utbildningen i ekonomisk redovisning i Sverige. Han menade att genom affärsmässig redovisning tränas man i värdetänkande. På så sätt blir redovisningen en värdering i praktiken (Guillet de Monthoux, 1987). Denna abstrakta syn ligger långt från den praktiskt orienterade syn som förfäktades av bl.a. fysiokraterna.

Ekonomi förknippas alltför ofta med pengar, men vad är egentligen pengar, ting eller språk eller en abstraktion? Här vill vi understryka att hushållning är viktigt och ofta avgörande även med så mycket annat än abstrakta pengar, t.ex. mänskligt liv, rent vatten, grön natur etc.

Redan för tiotusen år sedan användes lermedaljonger för att reglera innehavet av boskap och relationen mellan djurens ägare och de herdar som vaktade boskapen (Johanson och Skoog, 2015). Innehavet av boskapen var ett uttryck för det ansamlade värdet. Men även innehavet av lermedaljonger var ett uttryck för, en symbol och bärare av ägarens värde. Lermedaljongerna efterföljdes av präglade metallbitar av olika storlek. Pengar i form av en metallbit har använts i vardagligt liv i åtminstone 2500 år (Furnham och Lewis, 1986). Användningen av metall, d.v.s. till en början guld eller silver introducerades av grekerna. För att spara på den exklusiva råvaran började det bli vanligt att även lägga till bly och järn. Pengar som ting var det vanligaste betalningsmedlet ända till dess att bankväsendet uppstod. Förutom att vara ett betalningsmedel och därmed representera ett bytesvärde fick pengar också ett symboliskt värde, som kunde synliggöra såväl en transaktions värde som värdet av penninginnehavet. Penningen möjliggjorde också att transaktionen av en vara och betalningen kunde separeras i tid (Schumpeter, 1994). Den abstrakta, symboliska penningen blev därmed en slags obligation som kunde lösas in vid ett framtida tillfälle. Men ett möjliggörande en framtida inlösen av `obligationen´ byggde förtroende mellan iblandade aktörer.

Bruket av papperspengar introducerades först i USA för ett par hundra år sedan och spreds snabbt över världen. Sedelns inneboende värde garanterades genom att den kunde bytas mot guld, som förvarades av olika länders riksbanker. Den s.k. guldmyntfoten avskaffades i många länder under mellankrigstiden. Efter detta garanterades en sedels värde genom fasta växelkurser (som senare också avskaffats i många länder). Men långt innan detta hade även sedlarnas betydelse i samband med transaktioner reducerats avsevärt. Redan under 1800-talets slut representerades endast 14% av värdet på alla transaktioner i USA av pengar i form av sedlar eller mynt. De övriga 86% bestod av siffror som telegraferades i samband med en transaktion. Den tidiga 1900-talesekonomen Irving Fisher menade att genom detta tydliggörs hur redovisningstransaktioner skapar tillgångar utan att transaktionerna motsvaras av direkta betalningsmedel.

Abstraktionen har alltså tilltagit. Transaktioner har övergått från byteshandel av varor med något slags inneboende värde, via mynt innehållande guld eller silver och sedan papperspengar, till en början utbytbara mot guld, senare till abstrakta sifferutbyten. Trots detta anses siffrorna kunna representera värde vid transaktioner som dessutom kan separeras i tid. Men som vi tidigare skrivit har detta byggt på tillit mellan inblandade aktörer. Det inneboende värdet, de abstrakta siffrorna kunde ersättas med en skuld som kunde avbetalas med tjänster.

Fundera över och diskutera gärna vad egentligen pengar är?

Guillet de Monthoux (1987) frågar sig; Vad är egentligen pengar – ting eller språk? Penningen har, menar han, övergått från att vara en enkel betalningsteknik till att bli en teknik för organisering av samhället. Globaliseringen och den internationella handeln har medfört ett enormt beroende av pengar. Som världen ser ut skulle mänskligheten inte klara sig utan pengar oavsett om det handlar om mynt eller sedlar eller abstrakta digitala siffermeddelanden.

Pengar har blivit ett världsspråk som ger makt. Ägandet av pengar kan också ersätta nödvändigheten av att arbeta (Fromm, 1955). Men hur fungerar penningspråket när vissa hållbarhetsvärden av deontologiska skäl inte kan översättas i pengar? Sparade människoliv översätts ibland inom hälsoekonomin i pengar, men kan t.ex. lidande översättas i pengar? Vad händer när människoliv eller lidande översätts i pengar och därmed kan frestas bli utbytbara mot annat som kan uttryckas i pengar? Kanske har Kant rätt när han menar att prissättning riskerar medföra prisgivning?

Fundera över och diskutera vilka moraliska konsekvenser som kan uppstå vid användning av penningbegreppet.

När det gäller språk är det svårt att inte nämna Ludvig Wittgenstein, som föddes och tillbringade många år i Österrike. Han ansågs av många vara en mycket begåvad person och utnämndes år 1939 till professor i filosofi i Cambridge. Hans liv var på många sätt komplicerat. Vi ska inte fördjupa oss i Wittgensteins liv men kan bara konstatera att det var ständigt rörigt. Under första världskriget sökte han sig till fronten och fick flera gånger tapperhetsmedalj. Ibland sökte han inte skydd vid beskjutning vilket fick en lugnande inverkan på de andra soldaterna (Fredriksson, 1993). Men det finns ingen anledning att i denna text fördjupa sig i hans liv. (Den som är intresserad kan exempelvis läsa mer i Gunnar Fredrikssons bok Wittgenstein och hans liv, 1993). Wittgenstein skrev ständigt och mycket men publicerades sällan. Det senare berodde oftast på att han själv inte var nöjd med sina texter och dessutom menade att läsare inte skulle komma att förstå texterna. Texterna är verkligen svårläsbara. Wittgenstein pratade ofta med sig själv eftersom han inte räknade med att någon annan inte heller skulle förstå vad han sa. Hans åsikter kunde också snabbt ändras. En apart åsikt som han framförde var att han menade att det inte är nonsens att tro att vetenskaplig och teknisk utveckling liksom kunskap kan leda till slutet för mänskligheten! Vapenutvecklingen bekräftar hans åsikt.

Den tidiga Wittgenstein var bla upptagen av förhållandet mellan ting och tecken. Han ställde sig frågan om en välformulerad sats är en logisk bild av ett faktum eller ett sakförhållande. Han menade också att på samma sätt som ögat inte kan se sig självt kan inte språket handla om sig självt. Wittgenstein var oftast mycket säker i sina utsagor men också lika medveten om den fullständiga oklarheten i alla satser. I en brevväxling med Bertrand Russel säger han att det finns områden som är osägbara. Exempel på detta är etik, estetik, religion och det mystiska. Tanken om det exakta språket lämnar han senare i sitt liv. Han menar då att språket snarare är förvirrande. Språket kan jämföras med en kalkyl. Det som sker med orden i språket motsvarar det som sker med tecknen i en kalkyl. Orden i språket liksom tecknen i kalkylen varieras.

Wittgenstein lämnar alltså sina tidigare tankar om språket som en representation av fakta och övergår till att se användningen av språket som ett kulturberoende spel, ett språkspel. Han lämnar tankarna om ett logiskt perfekt språk baserat på elementära satser som utgår från sinnesdata. I stället hävdar han att han respekterar det vardagliga språket. Men det finns också vissa förhållanden avseende det vardagliga språket som han inte accepterar. Ett sådant exempel är pladdret om orsak och verkan när det gäller historiska händelser och skeenden. Språkspelen har att göra med sociala vanor, gemensam kultur och kollektivt accepterade regler. De språkliga uttrycken som språket avses förmedla behöver inte nödvändigtvis vara sanna. Det handlar snarare om att få vara med i språkspelet dvs det sociala sammanhang i vilket språket existerar. I vår samtid hittar vi åtskilliga exempel på hur sanningen manipuleras för att människor (tex politiska ledare) ska tillskansa sig makt. Ingrid Carlberg skriver också om detta i sin bok Marionetterna (2023). Boken handlar om den konsekventa manipuleringen av sanningen under Lenin och Stalin.

Hur reagerar du/ni över Wittgensteins tanke om att det som sägs i ett språkspel är inte det viktigaste? Språkspelens viktigast roll är delaktigheten i den kulturella kontexten.

Psykoanalytikern Fromm (1968) skiljer mellan offentliga medvetna och omedvetna värden. De förstnämnda har utvecklats till ideologier eller normer som styr mänskliga handlingar. Men värdesystemet är komplext och innehåller hierarkier av medvetna och omedvetna värden. De senare handlar om vördnad inför livet och det goda, dvs etiska principer. Inom ramen för värdesystemet brottas individen och samhället med balansen mellan de offentliga och medvetna värdefrågorna och de omedvetna. Eftersom människan påverkas av såväl medvetna som omedvetna värden måste kunskaper om människan och hennes natur vara ett grundläggande element i all samhällsplanering. Det kan ske genom fortsatt utveckling av humanistiskt baserade metoder till skillnad från byråkratiska sådana. Fromm använder begreppet humanistisk företagsledning och menar att det är genom att låta individen få hävda sin vilja som man kan befria hennes krafter och förmedla möjligheten för henne att leva i psykisk balans. Denna utsaga ligger nära det ramverk för intern styrning som vi argumenterat för tidigare i denna bok. Dessa tankar ligger också nära Marx åsikt att människor måste få uppträda som varandras medmänniskor och ha ett mänskligt förhållande till världen. Endast då kan förtroende bytas mot förtroende och kärlek mot kärlek (Fromm, 1968).

Diskussionen om värde och abstrakta pengar, om pengar som ting, språk eller omedvetna föreställningar bildar plattform inför nästa avsnitt som leder oss in på existentiella frågor om vår nutid och framtid. I de två följande kapitlen kommer vi att diskutera vikten av att ta hänsyn till organisationsexterna drivkrafter som påverkar eller bör påverka förhållningssätt, strategier och åtgärder inom arbetsmiljöområdet.

Låt oss avsluta med ett resonemang som genomfördes av Alf Ahlberg i en liten skrift från 1939. Han skriver att abstraktioner har samma uppgift i tankelivet som pappersmyntet i det ekonomiska livet. Detta är ju praktiskt och under mer komplicerade förhållanden oundgängligt. Men det är och förblir rätt och slätt papper utan värde, om det icke står reella värden i form av varor bakom detsamma.

Är det rimligt och bra att relatera ekonomiska metoder till ideologi(er)? När är det rimligt och när är det inte rimligt eller onödigt?

---

7. Samhällsnormer och karaktärer

Under 1800- och tidiga 1900-talen var ekonomi och ekonomisk redovisning en central del inom sociologin (Miller, 2003). Marx menade att den ekonomiska redovisningen syftade till att förstärka kapitalismen och därmed befrämja girigheten. Weber ansåg att Marx var naiv men menade trots detta att kalkylering underlättar en rationell strävan efter vinst.

Penningspråket är ett perfekt hjälpmedel i kalkylering. Detta är centralt när det gäller sociologisk analys av aktiviteter som avser ekonomi (Ibid). Av någon anledning dog idén om ekonomi som en central del inom sociologin ut för att sedan återkomma under 1950- och 1960-talen. Men redovisning liksom penningspråket hade redan institutionaliserats och tekniker för organisering och uppföljning av mål, rutiner och policys hade redan slagit rot. Den ekonomiska redovisningen hade blivit cermoniell och bidrog på det sättet till att legitimera organisationers existens (Ibid). Under 1970- och 80-talen började synen på ekonomi och ekonomisk redovisning att förändras. Begrepp som beteendeinriktad redovisning liksom social redovisning, hållbarhetsredovisning och personalredovisning tog, som vi skrivit om tidigare, fart utifrån många olika perspektiv och gav också upphov till nya inriktningar, t.ex. pluralistisk ekonomi. Pluralistisk ekonomi har en mer öppen inställning till samhällsförhållanden som t.ex. demokrati och därmed sammanhängande normer. Man kan också kalla begreppet för politisk ekonomi. D.v.s. den pluralistiska ekonomin frikopplar inte vare sig ekonomisk redovisning eller kalkylering från grundläggande ideologier som har att göra med såväl samhällets som en organisations och människans existens. Även Smith, Marx, Mill med flera av de ''gamla'' ekonomerna gjorde kopplingen till ideologi. Vår bok är också ett svar på efterfrågan från Hofstede när det gäller avsaknaden av ideologi i samband med ekonomisk redovisning och kalkylering. Innan vi sammanfattar och avslutar boken vill vi fördjupa den ideologiska reflektionen.

I likhet med många "gamla" ekonomer vill vi i detta kapitel lyfta fram några tankar om ekonomiämnets förhållande till samhällsfrågor och normer. Som vi skrev redan i bokens inledning menar vi att ekonomiska metoder och resultatet av tillämpningen av dessa metoder riskerar att frikopplas från aktuella och framtida samhällsfrågor. Ett pluralistiskt ekonomiperspektiv innebär alltså att hänsyn tas till den kontext som ekonomifrågor och beräkningar avser att belysa och förändra. Ekonomiämnet är ett av flera ämnen inom samhällsvetenskapen. Vi har i viss utsträckning gjort kopplingar till andra samhällsvetenskaper men ytterligare fördjupande reflektioner behövs. Vi redogör för en del sådana i den följande texten.

I detta liksom i föregående och nästföljande kapitel använder vi referenser som publicerats för flera decennier sedan. Varför gå så långt tillbaka kan man undra. Ett svar är att många aktuella tankar när det gäller samhällets och ekonomins utveckling ofta har framförts och diskuterats för länge sedan och kanske är det så att de gamla texterna har en ännu större relevans i vår tid. Framåtskridandet tjänas inte av att kasta värdefulla, tidiga tankegångar överbord (Fromm, 1968).

> Är det rimligt och bra att relatera ekonomiska metoder till ideologi(er)?
> När är det rimligt och när är det inte rimligt eller onödigt?

7.1. Jenagruppens dynamiska filosofi

Vi har tidigare i texten lyft fram vikten av humanism och moraliskt handlande. Sådant agerande påverkas givetvis av individens grupp-, kultur- och samhällstillhörighet. Människan deltar i skapandet av normer men kan också bli ett offer för normer som hon varit med om att utveckla. Redan på 1700-talet menade Jean-Jacques Rousseau att det civiliserade samhället gradvis skadar sig självt. Detta kommer i framtiden att leda till katastrof. I det tidigare naturliga stadiet av samhällsutvecklingen levde människor i fred med varandra. Det fanns inget incitament att skada andra (Runciman, 2024). Under det naturliga stadiet var människor också mer jämlika. Till skillnad från idag kunde vem som helst bli sjuk och dö. Rousseau använder begreppen amour propre respektive amour de soi. Båda begreppen handlar om självintresset men när det gäller amour propre är detta intresse ställt i relation till andra människor. Till en början var amour propre latent vilande men genom gradvis utveckling av konkurrens, beroende, samarbete och språk utvecklades amour propre (Ibid). När människan började odla och blev stationär började hon hävda äganderätt till de områden hon använde för att producera mat. Områdena stängslades in och äganderätten försvarades vilket ledde till människors ökande ojämlikhet och därmed även begränsad frihet och ökande alienation. Jämförelser med andra och beroende av andra blev legio. Egointresset tilltog och omhändertagandet av andra avtog.

Filosofen Fichte, som under slutet av 1700-talet var verksam i den tyska staden Jena, hävdade vid sin första föreläsning vid Jenas universitet att människan ska bestämma själv (`das ich´) och aldrig låta sig definieras av något yttre (Wulf, 2024). Denna utsaga blev senare ledstjärnan för den samling filosofer och poeter (tex Schiller, Schlegel, von Humboldt, Novalis, Schelling) som flyttade till Jena och verkade där i slutet av 1700-talet. Spridningen av Fichtes tankar kontrasterade mot de normer som gällde i Europa och som utgick ifrån monarkernas envälde. Enväldet tog sig många uttryck, bla i krig mellan olika arméer. Poeten Goethe, som inte heller kunde hålla sig från att ofta vara i Jena, ägnade stort intresse åt, förutom poesi, även naturvetenskap m.m. Vetenskapen var för honom "som en planka vid ett skeppsbrott" (Wulf, sid 58).

> Hur ser du/ni på Fichtes åsikt om `das ich´? Är inte det samma som egoism dvs det som numera är så förhärskande på t.ex. sociala medier och i samband med överdriven konsumtion?

Jenagruppens intressen var vittomfattande och inkluderade också naturvetenskap. Men, menade bla den brett intresserade och agerande Novalis, det alltför stora intresset för förnuftet har reducerat naturen till en monoton maskin. Därför måste fantasin erkännas jämsides med förnuftet och det rationella tänkandet. Gruppen hyllade frånvaron av regler och begränsningar och vävde samman poesi, natur, konst, tänkande, sinnlighet jordiskt och gudomligt, liv och död. Jenagruppen ville komma till klarhet över existensens alla aspekter. De blev upproriska och balanserade mellan individens tunnelseende och tron på förändring för det allmännas bästa. Balansakten är fortfarande giltig menar Wulf (Ibid). Det var Fichte som formulerade ´das ich` som människan nu har internaliserat.

Immanuel Kant, som inte bodde i Jena, hade inflytande på Jenagruppen genom sina epistemologiska tankar. Hans mål var att överbrygga klyftan mellan rationalism och empirism. All kunskap utgår från tänkandet menade rationalisterna medan empirikerna hävdade att kunskap grundas på erfarenhet och sinnesintryck. Fichte reste till Königsberg för att träffa Kant. Kant blev imponerad av Fichte medan Fichte i efterhand kom att kritisera Kant för den senares ide om `das ding an sich´ dvs att den yttre världen existerar oberoende av människans förmåga att uppfatta den. Detta ändrade inte Fichtes uppfattning. Han ansåg fortfarande den omgivande världen uppfattades av jaget, som varande alltings drivkraft. Några år senare närmade sig Fichte tankar om det nationella jaget, som bl.a. annat yttrar sig i förekomsten av ett gemensamt språk och gemensam kultur. Dessa tankar närmade sig senare nationalismen.

Uppstår kunskap genom tänkande eller genom erfarenhet och sinnesintryck? Kan man renodla det så eller är det beroende på vilke kunskap det handlar om?

1700-talets slut var en omvälvande tid i Europa. Jenagruppens filosofer tog intryck av franska revolutionen bl.a. av den deklaration som proklamerades avseende människans rättigheter. Dessa handlade om individens rätt till frihet, egendom och yttrandefrihet. Fichte anammade detta och lade till att det var filosofens och forskarens uppgift att vara sin tids moraliska förebild. Fichte hävdade att allt handlande skulle utgå från den fria viljan vilket skiljde sig från Kants uppfattning att handlande ska utgår från påbudet att handling ska ske i enlighet med hur man vill att andra ska handla.

Jena hade en anmärkningsvärd attraktionskraft. Universitetet måste ha bidragit till detta trots att det liksom staden var ganska litet. Filosoferandet, skrivandet och forskandet var brett förekommande och att staden var liten bidrog säkert också till att det var lätt att träffa andra filosofer, vetenskapsmän och poeter. För Fichte var vetenskapsmannen mänsklighetens sanna lärare. Så var det inte för Schiller som föredrog konstnären.

Fichtes filosofi utvecklades vidare av Novalis och Schlegel. Den senare menade att varje tanke eller slutsats måste omedelbart motsägas. Filosofin måste vara dynamisk där t.ex. det subjektiva blir det objektiva och det specifika det allmänna. Novalis hade liksom många andra flera strängar på sin lyra. Han var intresserad av matematik, fysik, kemi, biologi, geologi, filosofi, poesi, musik mm. Mänsklighetens medvetande hade varit alltför splittrat menade han. För att motverka splittringen försökte han sammanföra sådant som varit skiljt åt i en universell vetenskapslära och gav detta olika namn beroende på innehåll, som tex musikalisk fysik och poetisk fysiologi. Novalis vände sig också mot den växande materialismen som följde på den industrialisering som pågick. Människan började bli kuggar i ett växande maskineri i vilket penningen styr allt. Tänk att Novalis framför dessa tankar redan år 1797!! 127 år senare framför vi i huvudsak samma tankar. Jenagruppen var radikal för sin tid även om det fanns motsättningar. En sådan handlade om jämställdhet mellan män och kvinnor. Friedrich Schlegel var tämligen ensam om att driva den jämställdhetsfrågan såväl genom argumentation som genom praktisk handling.

Föregående stycke innehåller många idéer som ansluter till eller motsäger pluralism, men några slags gränser för pluralistiskt tänkande och agerande behövs väl ändå? Diskutera gärna några av idéerna t.ex. splittrat medvetande, jämställdhet, växande materialism, penningen som styr allt.

Jenagruppen sökte på olika sätt att förena allt i världen. Det var för dem ett sätta att romantisera. Begreppet romantisera handlade emellertid inte om sentimentalitet, kärlek eller känslosamhet utan om att få allt att hänga ihop. För att göra detta kan man använda den romantiska poesin menade Novalis. Det är ett sätt att ge det vardagliga en högre mening och därmed lyfta fram det okända liksom oändlighetens skimmer. När det gäller ordet poesi återvände gruppen till dess ursprungliga ledord kreativitet och produktivitet (Wulf, 2024). Den romantiska poesins form kunde vara vad som helst tex en dikt, en byggnad, ett musikstycke eller ett vetenskapligt experiment. Gruppen var enig om att poesin fanns inom var och en och fantasin var medvetandets viktigaste förmåga.

　　　　År 1798 fick gruppen ett nytt tillskott i form av Schelling och hans tankar om naturfilosofi. Till skillnad från en splittrad mekanistisk värld med människor som kuggar i ett maskineri sökte Schelling efter ett enhetligt världsallt i vilken naturens system är detsamma som vårt medvetandesystem. Att vara i naturen, utforska och tänka är att upptäcka sig själv menade han. Han menade också att en skulptur, en målning eller en dikt är en återspegling av naturen. Schellings naturfilosofi bidrog till att återförena upplysningstidens distans till natur, känslor och skönhet. För Alexander von Humboldt var naturiakttagelser baserade på mätningar, data och minutiösa observationer det mest centrala men med tillägget att man kan inte helt bortse från subjektiviteten därför att naturen är ett levande helt. Goethe återvände 1801 till manuskriptet Faust. I denna vävde han samman det som sysselsatt Jenakretsen dvs konst och vetenskap, jaget och subjektiviteten, människan och naturen mm. Goethe sammanfattar sitt och gruppens filosoferande i följande dikt som återfinns i Faust:

Den fantasi jag har idag
Är alltför vild och brokig.
Om detta allt finns i mitt jag,
Så är jag säkert tokig.

Kritik var inte en bristvara inom Jenagruppen. Tex ansåg Hegel att det var dags att befria filosofin från entusiasm, fantasi och känslor. Gruppen var dock långt före sin tid i flera avseenden tex när Rousseau förutspådde att samhället skadar sig självt. Det senare ser vi på många olika sätt idag. Trots Novalis försök att ändra på betraktandet av naturen som en maskin har den synen levt kvar och förstärkts. Detta har bla lett till en omfattande skogsskövling och minskad artrikedom. Gruppen menade också att pengar och ekonomi begränsade friheten, kreativiteten och skönhetsupplevelser.

Effekterna ser vi idag i form av överdriven konsumtion och penningarnas makt. Betoningen av jaget var (och är) viktigt eftersom förståelsen av sig själv har stor betydelse för att förstå andra såväl som naturen och samhället. Men betoningen av jaget har också medfört en ökande själviskhet som ytterligare förstärkts av digitaliseringens möjligheter. Egentligen var emellertid Fichte emot en sådan utveckling. Han ansåg snarare att jagets frihet var intimt förenat med ett moraliskt ansvar, vilket innebär att vi ständigt behöver reflektera över oss själva och vår fria vilja. I slutet av seklet började gruppen splittras på grund inte bara av olika motsättningar utan även sjukdomar. Men många har också tagit starka intryck av de filosofiska tankar som diskuterades inom gruppen. Det gäller såväl konstnärer som naturvetare. Senare intresserade sig även Sigmund Freud och efterföljare inom psykologin för Jenagruppens tankar.

Vad anser du/ni om Fichtes idé om att jagets frihet är intimt förenat med ett moraliskt ansvar, och att människan därmed är i ständigt behov av att r reflektera över oss själva och vår fria vilja.

I slutet av seklet började Jenagruppen splittras på grund inte bara av olika motsättningar sutan även av sjukdomar. Jenagruppens tankar, kreativitet, och ambition att genom en holistisk syn förstå världen och existens har förts vidare och påverkat många såväl konstnärer som forskare, t.ex. Sigmund Freud och efterföljare inom psykologi.

7.2. Samhällsnormers utveckling

Jenagruppens tankegods var som sagts kreativt och radikalt och det påverkade samhällets normer om frihetsidealet. Filosofen Nietzsche, som levde långt senare under 1800-talet, verkade i helt motsatt riktning. Han framhöll elitens rättmätiga makt över andra människor, vilket exempelvis innebär att det inte finns någon anledning för friska att ta hand om de sjuka. Däremot medför den rika elitens ägande en skyldighet och skuld och därmed även en oro över rättvisa och sanning. Allt detta begränsar friheten. Nietzsches idéer åskådliggör hur samhället och människorna blir förminskade av strömningar utanför hennes kontroll. Trots detta var förakt för samhället humanistiskt enligt Nietzsche (Runciman, 2024). Ur Runcimans perspektiv var Nietzsche en egensinnig filosof (och under den senare delen av sitt liv galen och bortglömd), som vände på perspektiven när han hävdade att allt vi idag ser som något gott bl.a. rättvisa, demokrati, välstånd och lagstiftning bygger på tomma skal grundade i grymhet. Trots detta, skriver Runciman, inspirerar den senare Nietzsche till utveckling av demokratin och dess grundpelare.

Människan lever idag i ett samhälle präglat av konformism hävdade Erich Fromm i boken "Hoppets revolution" (1968). Farorna med ett nytt icke-mänskligt samhälle insågs av intuitiva begåvningar från olika ideologiska läger redan på 1800-talet. John Stuart Mill, argumenterade för åsiktsfrihet och menade också att han inte kände sig tilltalad av det trampande, krossande, knuffande och sparkande som existerar i samhället. Att nå största möjliga rikedom och därmed makt på andras bekostnad är förkastligt menade han. Det bästa tillståndet är att ingen är fattig och ingen heller önskar att förvärva störst möjliga rikedom.

En slutsats är att vi inte kan lita på Adam Smiths osynliga hand som ställer allt tillrätta, varken när det gäller social eller ekologisk hållbarhet. Företag, liksom vi alla, måste ta ansvar för nuet och framtiden. Det är hög tid! Den syn på framtiden som vi människor bär på medför givetvis moraliska konsekvenser. Von Wrights (1986) tankar om pessimism eller optimism avseende samtid och framtid är i hög grad en filosofisk fråga. Själv ger han uttryck för en pessimistisk syn.

I sin bok Powers of Freedom hävdar Rose (1999) att frihet har omdefinierats. Idag handlar frihet om individens möjlighet till självförverkligande, vilket kan manifesteras genom individuell aktivitet för att skaffa sig fördelar i jämförelse med andra. Konkurrens uppstår mellan individer som "säljer sin arbetskraft på arbets- och människomarknaden" (Fromm, 1955, s 47). Men individens frihet har blivit illusorisk. Hon vet att det inte finns ett yttre tvång som nödgar henne att ingå vissa avtal om sin arbetskraft men är mindre medveten om att det finns marknadslagar som så att säga arbetar bakom hennes rygg (Ibid s 47).

Håller du/ni med Froom?

Under Thatcher-regimen i Storbritannien på 1980-talet skedde stora samhälleliga förändringar. Offentliga organisationer blev tvungna att omformulera sin roll och därmed också sin organisation. Konkurrens och `value for money´ blev honnörsord när den offentliga verksamheten skulle efterlikna privata marknader under stridsropet `New Public Management´. Nya värdestjärnor och mätbara resultatmål för verksamheten introducerades. Mätbara förhållanden som gällde ekonomi och produktivitet blev dominerande på bekostnad av kvalitetsfaktorer som är svårare att mäta.

På ett generellt plan ledde NPM till en redovisningsexplosion (Power, 1997). Ansvarighet (accountability) blev viktigt. I och för sig är det senare viktigt, men frågan är varför det är viktigt. Vanliga honnörsord kopplade till ansvarigheten var marknadstänkande, transparens och jämförbarhet. Iden om jämförbarhet befrämjade standardisering av metoder och målformuleringar. Förändringarna påverkade även de offentliganställdes arbete. Från att ha varit trygga arbetsplatser kom det att handla om ständig utvärdering av såväl organisationen som arbetet och individens resultat (Rose, 1999). I stället för trygghet på arbetsplatsen skapades en evig osäkerhet. Ansvaret för risker flyttades över på den enskilde anställde. Den respekterade arbetaren tvingades bli klok (prudent) och försäkra sig mot risker. Det senare blev mycket tydligt inom sjukvården.

Informationsteknikens utveckling förstärkte också möjligheten till övervakning av arbetet. Solidariteten avtog vilket märktes bl.a. i minskande anslutningsgrad till fackföreningar. Konsumtionsteknologier som t.ex. reklam och marknadsföring stärktes (Rose). All verksamhet även social verksamhet skulle översättas i ekonomiska termer vilket förändrade ekonomistyrningens roll och omfattning. Privatisering och kommersialisering tog fart inom t.ex. skola, vård och omsorg. I Storbritannien privatiserades till och med fängelser.

Som ett led i NPM genomfördes tidsstudier (som stora industriföretag hade lämnat sedan årtionden) inom hemtjänsten i Sverige. Detta fick till följd att hemtjänstpersonalens besök hos respektive brukare kunde bli reducerad till några få minuter. Möjligheten till social responsivitet (som Asplund skriver om) minskade till ett minimum eller förvann helt (Andersson, 2014). Det gavs inte utrymme för solidaritet och omvårdnad av den gamle patienten med mindre än att hemtjänstpersonen "fifflade" med tidredovisningen. Organisationen, oftast en kommun eller en privat arbetsgivare, fick ägna mer tid åt administration. Redovisningsavdelningen liksom revisionsverksamheten fick mer att göra. Fifflet blev för hemtjänstpersonalen det enda medlet för att bedriva motmakt (Ibid).

Åsikten om att kommersialisering och avtagande solidaritet i samhället berördes under 1980-talet av von Wright (1986) som menade att samhället har atomiserats, delvis på grund av den industriella revolutionen och från 1980-talet även av datoriseringen. Den ökande konsumismen och kommersialiseringen har ytterligare undergrävt de sociala banden och den sociala lyhördheten på arbetsplatserna. Det senare har givetvis också påverkat arbetsmiljön.

Är kritiken mot NPM överdriven? Vad anser du/ni om avtagande solidaritet och ökande kommersialisering?

Fysikprofessorn Karl-Erik Eriksson menade redan 1987, liksom von Wright, att samhället partikulariserats och instrumentaliserats. "Det kommersiella synsättet har trängt långt in i massmedia, i politiken och även i forskning och utbildning" (DN Mars 6, 1987). För att uttrycka det på ett annat sätt, om ett enkelt system kan förstås med ett metriskt tillvägagångssätt behöver ett komplext system ses ur ett helhetsperspektiv. Enkla system kan kanske ofta formuleras och förstås ur ett kausalitetsperspektiv, men detta gäller inte komplexa system. Komplexa system kännetecknas snarare av ömsesidiga kausaliteter. Instrumentaliseringen får konsekvenser på många olika sätt, inte bara för sociala sammanhang utan även när det gäller kunskapsutveckling. Eriksson kritiserade den dominerande instrumentella inställningen till kunskap som något som kan kontrolleras och hanteras. Men hur kunskapsutveckling sker är ett komplext system.

Sociologen Johan Asplund (1987) menar att kommunikationen mellan människor, eller med Asplunds ord, den sociala responsiviteten, har en avgörande betydelse för människan. Den sociala lyhördheten utvecklas genom möten med människor. Som en konsekvens av dessa möten och kommunikation mellan människor sprider sig idéer, kunskap och normer likt de vågor som uppstår när en sten kastas i vattnet. Spridningen av kunskap och normer har relevans när det gäller människans och samhällets existens men också för hur vi ser på begreppet ekonomi. Detta diskuterar vi i nästa avsnitt.

7.3 Ekonomi, samhälle och existens

Den i USA verksamme filosofen Martin Hägglund publicerade år 2020 en bok med titeln Vårt enda liv. Han diskuterar begreppet värde i relation till existens och samhällssystem. Denna diskussion har betydelse även för såväl synen på ekonomi som social hållbarhet t.ex. arbetsmiljö. Hägglund anser att ekonomi inte kan skiljas från existentiella frågor och centralt i detta sammanhang är innebörden av begreppet värde. "För att leva ett liv måste du vara inbegripen i någon form av praktisk överläggning angående vad du borde göra och varför du borde göra det" (Hägglund 2020, s 252). Han ger begreppet en existentiell mening när han skiljer mellan att värdesätta och att vara värdefullt. Han menar att det finns mycket som kan uppfattas som värdefullt av en individ men betydligt färre förhållanden som individen värdesätter. Det människan värdesätter är sådant som människan är beredd att prioritera i sitt ändliga liv vilket handlar om det som är värt att göra eller inte värt att göra.

Med referens till Karl Marx skiljer Hägglund mellan nödvändighet och frihet. För att överleva och dessutom kunna uppnå frihet är det nödvändigt för människan att genomföra olika aktiviteter. En sådan aktivitet kan t.ex. vara att skaffa mat och dryck. Hägglund skriver vidare att ju mindre tid vi måste lägga på aktiviteter som är medel, desto mer tid kan vi lägga på aktiviteter som är ändamål i sig. Arbete kan ibland tillhöra det nödvändigas rike men för andra människor eller i andra situationer tillhöra frihetens rike. Hägglund tar ett exempel när det gäller att hämta vatten; vattenhämtningen vid en avlägsen brunn är nödvändigt för att överleva men om själva aktiviteten i sig är något individen värdesätter t.ex. som en naturupplevelse tillhör den frihetens rike.

Med frihet menar Hägglund att människan måste känna igen sig i det hon gör och se praktiska aktiviteter som uttryck för egna åtaganden och värderingar. Att slippa direkt tvång och tillåtas göra val är inte tillräckligt för att leva ett fritt liv (Jfr exemplet MoDo senare i detta kapitel. Det var knappast ett fritt liv). Människan bör kunna styra vad hon gör i stället för att styras av behov och värderingar baserade på kapitalets dynamik. Den fria tiden handlar primärt inte om kvantitet utan snarare om kvalitet. Mellan den fria tiden och den nödvändiga tiden finns ingen skarp gräns. Om en aktivitet är nödvändig, t.ex. att förkovra sig i den biologiska mångfaldens betydelse, för att uppnå något vi betraktar som essentiellt är det att betrakta som en del av friheten.

Hägglunds syn på frihetens rike har tydliga likheter med Jenagruppens uppfattningar, men vad har det att göra med arbetsmiljöstyrning? Våra normativa föreställningar liksom våra aktiviteter är i grunden existentiella. Det kan handla om vad som är värdefullt för individen men i än högre grad om vad individen värdesätter. För att undvika att ständigt vara fångad i det nödvändigas rike krävs uppoffringar, kostnader, som syftar till att undvika horisontens tragedi vilken präglas av katastrofer av olika slag. Men kostnaderna har också en plussida, d.v.s. de kan möjliggöra en övergång till frihetens rike i vilket vi kan värdesätta exempelvis naturen och konsten.

Synen på vad som är värde, d.v.s. vad som värdesätts eller är värdefullt, har en central roll i när det gäller hållbarhet och i företags affärsmodeller. Vad strävar organisationen och dess intressenter efter att uppnå? Att överleva i nödvändighetens rike eller att också söka uppnå frihetens rike? Idén om frihet kan dock inte skiljas från materiella och social praktiker menar Hegel som hade kontakt med Jenagruppen mot slutet av dess kreativa fas. Frihetsidén är inte abstrakt utan måste manifesteras i konkreta situationer. Den måste vara verklig, effektiv, verksam och i arbete. Detta fordrar dels att individer handlar i enlighet med socialt etablerade normer och dels att vi upprätthåller institutioner som erkänner friheten. "Våra praktiska identiteter kan inte separeras från det samhälle vi är en del av" (Hägglund, 2020, s 266). Här har företagen en viktig roll.

Affärsmodellen måste explicit eller implicit stödja en verksam och effektiv frihetsidé om hållbarhet. Detta innebär också att affärsmodellen (liksom styrningsidealet) måste vara möjligt att ifrågasätta och förändra. I den processen blir en öppen, interaktiv kommunikation avgörande.

Fundera över och diskutera nödvändighet och frihet, värdefullt och värdesätta. Gärna med koppling till social hållbarhet, tex arbetsmiljö eller arbetsplatshälsa.

Hägglund kritiserar inte bara kapitalismens värdebegrepp utan även Marx. Hägglund menar att det måste ske en omvärdering av värde för att övervinna kapitalismen. Rikedom måste värderas i termer av socialt tillgänglig tid i stället för socialt nödvändig arbetstid som kapitalismen bygger på. Men socialt tillgänglig tid handlar inte om fritid för att återhämta sig från lönearbete utan om *fri tid* för att kunna ta ett djupare ansvar för vad som är värt att göra med vår tid.

Kapitalismen innehåller en motsägelse i det att den bygger på en utvinning av mer och mer mervärde från individen. Men arbetskraften eller arbetsförmågan kan inte skiljas från den specifika individen. Därför måste investeringar i arbetskraften ske genom t.ex. föda och hälsovård. Detta är lönsamt p.g.a. att arbetskraften i allmänhet skapar mer tid än vad som åtgår till produktionen. Den exploatering som sker är inneboende i kapitalismen som social form och kan inte reduceras till illvilja eller ondska. Det är en systemisk nödvändighet (Jfr exemplet MoDo i senare avsnitt).

En möjlighet för företag är att öka arbetstiden och därmed generera ett större överskott. Detta har reglerats i de flesta länder genom arbetstidsbegränsningar. Ett annat sätt är att öka det relativa mervärdet, d.v.s. det värde som arbetarna kan producera per timme, är att utveckla produktionsteknologin. Detta resulterar ofta i att konkurrenter gör detsamma. Men med en effektivare teknologi minskar behovet av arbetskraft, och arbetslösheten ökar. Löneläget pressas ner vilket påverkar arbetarnas möjlighet att konsumera, d.v.s. efterfrågan minskar. Det leder till en överproduktion men trots detta behöver konsumtionen hållas uppe. Det kan ske genom att kvaliteten på produkterna minskar. Det övergripande problemet från ett hållbarhetsperspektiv blir då att alla frågor om vad vi behöver, vad vi vill ha och vad som är hållbart är underordnat lönsamheten. För att hitta lönsamma investeringsmöjligheter i en hastighet som genererar årlig tillväxt måste vi förvandla alltfler av våra naturresurser och allt fler aspekter av våra liv till varor (Hägglund, 2020 s 287). Den expanderande varufieringen (commodification) av naturresurser och livsaktiviteter är inte valfri utan nödvändig. Nödvändighetens rike tar över på bekostnad av valfriheten.

Detta är anledningen till ständig strävan efter tillväxt menar Hägglund. Tillväxten sker genom teknologiska framsteg. Genom teknologisk utveckling skiljs produktionstiden från människornas arbetstid. Den nödvändiga arbetstiden minskas alltså vilket skulle kunna leda till mer fri tid för alla. Men det är omöjligt därför att det existerande ekonomiska systemet bygger på förutsättningen att överskottstiden omvandlas till och uttrycks i termer av mervärde. Överproduktionen som sker innebär ett hot, som kan leda till kris. För att hålla krisen borta måste människor stimuleras att konsumera mer och mer. För att hitta lönsamma investeringar som leder till tillväxt förvandlas naturresurser till varor. Ekorrhjulet snurrar och naturen utarmas.

Arbetet i det nödvändigas rike är ett medel för ett ändamål (frihetens rike) och arbetstiden är en kostnad. Denna kostnad utgör, som sagts tidigare en varas eller tjänsts värde. Genom att behandla ett negativt mått på värde (kostnad) som om det vore ett positivt värdemått och genom att också betrakta det ekonomiska livets medel som om det vore ett ändamål blir det existerande kapitalistiska systemet motsägelsefullt! Det negativa värdemåttet i nödvändighetens rike behandlas alltså som om det vore ett mått på frihet. "Problemet med kapitalismen är att den förvränger meningen med värde och social rikedom" (Hägglund, s 299). Detta har inte ens Marx beaktat enligt Hägglund. Även Marx använder kapitalismens värdebegrepp. Så länge social rikedom mäts i form av arbetstid kommer teknologisk utveckling att exploateras för att utvinna mervärde av arbetarna. Den arbetslöshet som kan uppstå kan utnyttjas för att hålla lönerna nere och därmed utvinna ytterligare mervärde.

Mervärde är alltså ett centralt begrepp för en utveckling mot ett hållbart samhälle och hållbara företag. Men värdebegreppet behöver omvärderas! Syftet med produktion kan ändras om den frikopplas från arbetstiden. När arbetstiden utgör grund för värde är det lönsamt att producera varor med kort livslängd. Då åtgår mer arbetstid. När arbetstiden ersätts av teknoloisk utveckling skapas incitament för varor med en längre livslängd d.v.s. ett hållbarhetsincitament uppstår. Nödvändighetens rike kan dock inte elimineras. Arbete som utförs av människor kommer alltid att behövas men det kan reduceras till gagn för frihetens rike.

Hägglund kritiserar inte bara Marx utan även liberala ekonomer som t.ex. Mill, Keynes, Hayek och även Pikerty. De senare är mer inriktade på fördelning av rikedom än villkoren för produktion av rikedom. Mill menar att produktionsvillkoren bygger på fysiska sanningar. Det är bara fördelningen av rikedom som är en politisk fråga. Men i kontrast till vad många klassiska ekonomer hävdar är inte *vad* som är värde av naturen givet. Värde är snarare ett normativt begrepp som vi själva kan påverka.

Människan behöver skilja mellan nödvändiga medel och uppnående av frihetliga mål. Detta gäller även för företag. I det hållbara företagets affärsmodell bör såväl målen i form av värdeerbjudanden till de olika intressenterna som medlen varmed målen ska uppnås beskrivas. För vissa intressenter är de frihetliga målen väsentligast medan relationer till andra intressenter kan sägas vara ett medel. T.ex. utgör relationen med leverantörer, banker och anställda en nödvändighet. Därmed inte sagt att relationen med dessa enbart är ett medel. När det gäller t.ex. anställda och investerare behöver värdeerbjudandet också innehålla uttryck som kan bidra till uppfyllande av intressentens frihetliga existens (Jfr exemplet MoDo).

Enligt psykoanalytikern Fromm (1955) var ekonomiska aktiviteter före 1700-talet uttryck för en humanistisk etik, men under 1700-talet förändrades kapitalismen. Ekonomin blev skild från etiken. Utvecklingen bestämdes inte av vad som är bra för människor, utan av vad som är bra för tillväxten av det ekonomiska systemet. Tillväxt ansågs också vara bra för människor. Egoism och girighet ansågs vara en medfödd del av den mänskliga naturen. Naturen var en resurs som ohejdat kunde användas för mänskliga ändamål och tillväxt. (Som tidigare framgått kritiserades detta av Jenagruppen.) Egoismen tilltog och den sociala ordningen förändrades. Detta har gjort oss sjuka (Fromm) och leder mot en katastrof. Girigheten att obehindrat ta från naturen eller andra människor föröder jorden och lojaliteten mellan människor. Inom finansvärlden t.ex. kan man bland framgångsrika aktörer finna ansenliga mängder pengar, inte fysiska pengar utan abstrakta siffror. Det kan vara så mycket att det inte går att nyttja mängden. Detta kan kallas abstrakt girighet (Johanson, 2003). Den abstrakta girigheten blir en maktsymbol. Den abstrakta girigheten kan inte hänföras till nödvändighetens rike men ej heller till den frihet som bara att vara innebär. Ägande eller varande är temat för nästa avsnitt.

Innan du/ni läser vidare kan det vara bra att diskutera Hägglunds m.fl. syn på kapitalismens problem liksom dess konsekvenser för företag, arbetsmiljö och individers hälsa.

7.4 Ägande eller varande, det är frågan

När Fromm (1976) diskuterar ägande och varande går han tillbaka till Mäster Eckhart som levde på 1200-talet. Eckhart använder ordet varande i två olika betydelser. I den första betydelsen betecknar varande de ofta omedvetna motiveringar som driver människan att handla. Detta ligger långt från economic-man-antagandet som utgår från ett totalt och orealistiskt antagande om fullständig medvetenhet om alla alternativ som existerar inför beslut och handling. I den andra betydelsen menar Eckhart att varande handlar om att gå ut ur sig själv genom liv, förnyelse, öppenhjärtlighet, generositet och produktivitet. Denna betydelse kontrasterar mot det jagbundna och själviska ägandet.

I stället för att sträva mot ökat *ägande* behöver människan befria sig från girighet, glömma sig själv och istället ägna sig åt att *vara*, att förstå och därmed hjälpa andra. Att vara kännetecknas av alla individens relationer med omvärlden. Det handlar om allt som går ut på att se, höra, lukta, smaka, röra, tänka, observera, känna, begära, agera, älska (Fromm). "Älska din nästa" innebär att släppa sin själviskhet och ägandets livsstil. Likheten med Jenagruppens uppfattningar är slående.

Ett grundläggande problem idag är att konsumenter definieras av ägande istället för varande (Fromm). Ägande kan beskrivas men varande handlar om människans upplevelser och erfarenheter. Det kan inte beskrivas. Människans individualitet är unik, liksom hennes fingeravtryck. Även en enda person kan vara omöjlig att beskriva. Ägandet skiljer sig idag från ägandet under tidigare sekler. På 1800-talet var mottot att bevara det man äger, det gamla var vackert. Idag anses snarare det som är nytt vara vackert. Konsumenten hamnar i en ond cirkel d.v.s. slänger, köper nytt, slänger etc. Men mänsklig existens kräver att vi har, underhåller och vårdar vissa saker för att överleva.

Fromm anser att det existentiella ägandet drivs av förändrade sociala villkor och av kapitalismens inneboende krafter. Han hävdar att språkets substantiv vilseleder oss att tro att människan, liksom kärlek, hat, stolthet, glädje, men också det som betecknar saker, som bord, lampa, är vilseledande. Alla dessa substantiv vilseleder oss att tro på oföränderliga substanser när det snarare handlar om processer. Detta är resultat av en kulturell inlärningsprocess som får oss att omvandla vissa uppfattningar så att vi kan hantera världen runt oss för att överleva.

Kunskap och lärande är viktiga frågor för allas vår överlevnad (Liedman, 2001). Vi måste förstå den värld vi lever i för att klara oss. Kunskap ger makt, men makt kan också styra kunskapsutvecklingen. Makt kan utövas av politiker, inflytelserika individer, teknik men också av pengar eller ekonomiskt språk. Det senare är uppenbart på en arbetsplats. Lönen är ett av de tydligaste instrumenten för att dirigera eller köpa den anställdes uppmärksamhet, lydnad och produktivitet. Individen får pengar i utbyte mot sin egen frihet att bestämma. Det ekonomiska språket kan också styra. "Vi har inte råd" är ett effektivt sätt att kväva en diskussion om hur en riskfylld uppgift ska attackeras.

Även kunskap och lärande kan ta sig uttryck som ägande och därmed inte bli integrerat som en del av det individuella tankesystemet. Detta händer när spridningen av kunskap bygger på att lära sig utantill. Risken är då stor att inlärningen inte har bidragit till att ha skapat den djupare förståelse som nya insikter innebär. När det gäller kunskap menar mäster Eckhart att man "borde glömma bort vad man vet, utan att glömma bort att man vet" (Fromm, 1976, s 71). Kunskapen får inte dogmatiskt förslava oss.

I Norge blev lästräning obligatoriskt för barn år 1736, men beslutet blev inte verkställt förrän flera år senare. 1827 introducerades "folkeskolen" men före dess hade utbildning i skriv-och läskunnighet ombesörjts av kyrkan i syfte att förstå psalmer och katekes m.m. När kyrkan handhade ansvaret för utbildningen handlade det oftast om att eleverna skulle lära sig utantill, d.v.s. ägande i stället för varande.

Om lärandet inte integrerats kan nya tankar och idéer uppfattas som hotfulla. För dem som lever i varandet däremot, handlar det inte om att passivt omfamna ord och tänkande. Istället lyssnar dessa människor, de hör, tar emot och reflekterar. Nya perspektiv och tankar uppstår. En förutsättning för varandets lärande är att individen är intresserad. Lärande innebär att illusioner krossas genom desillusionering. Att veta betyder inte att äga sanningen utan att tränga in under ytan och sträva efter aktivt kritiskt tänkande för att komma närmare kunskapens kärna. Skillnaden när det gäller kunskap som ägande eller varande är väsentlig när det gäller arbetsmiljölärande därför att nya risker för ohälsa ständigt uppkommer t.ex. genom hantering av giftiga ämnen eller smittsamma sjukdomar.

Pragmatism innebär att något är sant när dess konsekvenser kan testas eller har testats i praktisk handling och visat sig hållbara (Liedman, 2001). När kunskap betraktas som en tillgång (ägande) istället för process (varande) försvåras lärandet. När det gäller fysiska risker i arbetet kan utantilläxan och den blinda lydnaden bli meningslös om inte individen förstår och integrerar kunskapen (varandet) i sitt dagliga praktiska handlande.

Uppmärksamhet är en väsentlig del i lärandet därför att det ligger nära nyfikenhet och fantasi. Fantasin innebär att människan kan göra sig en bild av, föreställa sig något som inte är närvarande. Med fantasins hjälp kan frågor också formuleras och därmed stimulera interaktiv kommunikation. Men de övertygelser som utvecklas med fantasins hjälp kan vara sanna eller falska, förnuftiga eller orimliga. Detta öppnar dörren för kritik och därmed nya lärandeprocesser som kan sålla bort missuppfattningar eller förhastade slutsatser. Men fantasin kan också leda till helt nya perspektiv och frågor som vidgar kunskapens gränser.

Kommunikation mellan människor föregår individens tänkande. Genom kommunikation konstrueras verkligheten. Logiska slutsatser och generaliseringar är därmed också en kulturell produkt. Enligt Vygotsky (se Liedman, 2001) är kunskapens innehåll en produkt av interaktion mellan människor, d.v.s. av det komplexa system som den sociala miljön utgör. Ett grundläggande element i kunskapsutveckling är minnet. Det kan handla om individens minnen eller ett kollektivt minne som förmedlas till individen genom exempelvis muntlig tradition, kultur, böcker eller datorer. Detta innebär t.ex. att muntliga berättelser om förhållanden på arbetsplatsen är viktiga. Det är berättelsen som kan förmedla en helhetssyn på arbetsmiljöns komplexa system. Minnet, kunskaper, berättelser och kultur är alltså viktiga för såväl arbetsmiljöfrågorna som samhällets utveckling.

> Diskutera avsnittets innehåll, dvs ägande kontra varande och sätt det i
> samband med lärande och interaktiv kommunikation som ett viktigt
> innehåll i arbetsmiljöstyrning.

Men detta är inte tillräckligt. De normer som präglar individer och grupper
bidrar också till samhällsutvecklingen. Detta behandlar vi i nästa avsnitt.

7.5 Karaktärer och samhällets utveckling

Under medeltiden användes stora klockor i städerna för att klargöra när
dagens arbete skulle börja. Idag är samhället helt organiserat av tid och
klockor (Liedman, 1997), men det var inte förrän i slutet av 1800-talet som
arbetarna utsattes för arbetstidsreglering. På 1890-talet demonstrerade
arbetarna för åtta timmars arbetsdag, d.v.s. de var beredda att underkasta sig
tidshantering förutsatt att arbetsdagen blev kortare. Under industrialismen
blev tiden en avgörande faktor och med löpande band blev tidsdisciplin ännu
viktigare. Sekunderna blev viktiga och tidsstudiemännen kartlade arbetets
olika steg. Arbetstiden ägdes av cheferna och i slutändan av företagsägarna.

Marx menade att fri medveten mänsklig aktivitet är
karakteristisk för människan (varande). Arbete är en aktivitet som är
livgivande. Kapitalet, å andra sidan, är något som har hopat sig i det
förflutna och är dött (ägande). Men människan är förlamad i det
kapitalistiska systemet (Fromm). Den verkliga, levande människan agerar
och kämpar. Den socioekonomiska strukturen i ett samhälle formar
medlemmarnas sociala karaktär så att de vill göra vad de måste göra. Den
sociala karaktären kan också binda människor samman och därmed förstärka
den sociala strukturen. Samhällets natur är en sammansmältning av
strukturen och den individuella karaktären. Fromm anser att
socialekonomisk struktur, karaktärsstruktur och religiös struktur är
oupplösligt kopplade. Religion är ett tanke- eller handlingssystem som delas
av en grupp. Religionen erbjuder individen en livsinställning och
hängivenhet. Men religionen är också intimt förenad med människans
karaktär. Industrialisering och kapitalism är ett annat tanke- och
handlingssystem, d.v.s. en annan form av religion som medför rädsla och

underkastelse, samt upplösande av den mänskliga solidaritetens band genom att egenintresse och avund sätts främst.

För Fromm är den moraliska skyldigheten att gå till jobbet märklig. Det är också strävan efter fullständig vila såväl efter arbetsdagens slut som på fritiden. I ett experiment visade Mayo att chefernas vanliga inställning att arbetare bara vill ha högre lön inte är sann. Snarare visade det sig att om arbetarna är aktiva och ansvarsfulla och dessutom kunniga, kommer även de ointresserade att bli aktiva och uppfinningsrika. Marx föreslog att det är lättare att vara på arbetsplatsen om arbetaren har en bild av det färdiga resultatet.

I slutet av 1800-talet stärks det som Fromm kallar affärskaraktären. Människan blir en vara på personlighetsmarknaden. Hon får ett marknadsvärde, inte bruksvärde. Hon måste visa sin personlighet. Helhetsintrycket blir viktigt. Detta inkluderar att vara glad, sund, framåt, pålitlig, ambitiös. Det räcker inte att vara skicklig i sitt yrke. Affärskaraktären strävar efter fullständig anpassning till en svag kärna och känsla av identitet. Bristen på kärna och identitet skapar likgiltighet i förhållande till andra människor. För en sådan affärskaraktär är ägarorienteringen svår att ge upp. Hon måste lita på ägandet. Det ger henne säkerhet.

Under 1900-talet och under industrireligionen blev samhällets natur alltmer inhumant, vilket kritiserades från både höger och vänster. Från höger hävdades att en återgång till den tidigare sociala karaktären var viktig, medan vänstern menade att människan måste vara fri från alienation och risken för en alltmer omänsklig social ordning (Froom, 1976). För Marx var målet med utvecklingen av mänsklig makt ett egenvärde, en verklig frihet. Frågan om varande och ägande stod i centrum.

Enligt Fromm hävdar Albert Schweitzer att den industriella karaktären medför kulturell självförstörelse (jfr Rousseau som hävdade detta redan på 1700-talet) genom att människan blir ofri och inte koncentrerad i processen att förlora sin mänsklighet. Ekonomen E. F. Schumacher tillägger att om ekonomi är meningen med livet blir det en dödlig sjukdom, eftersom obegränsad tillväxt inte passar i en begränsad värld. Fromm hävdar att Marx ursprungliga tänkande (inte tillämpningen i till exempel Sovjetunionen och Schweizers tänkande liknar Buddhas och munken Eckharts (12-talet) (156). Likheten handlar om krav, radikala sådana, d.v.s. väl genomtänkta, på övergivande av ägande och på fullt oberoende. Detta är också av grundläggande betydelse för hälsa och säkerhet på arbetsplatsen ansåg Fromm.

År 1793 under den franska revolutionen publicerade Concordet en optimistisk bok där han föreslog att världens rikedom skulle öka avsevärt (Liedman, 1997). Han var en anhängare av Adam Smith som ville ha en ekonomi fri från traditionella band och begränsningar. Medan Smith trodde att den osynliga handen ställer saker till rätta, trodde Concordets att jämvikt skulle uppnås i samhället. Så har inte skett. Tvärtom har klyftan mellan rika och fattiga ökat. Den moderna staten (makt) och kapitalismen (pengar) har tagit över mer och mer av mänskligt liv. Begreppet homo economicus myntades av John Stuart Mill. Med detta menade han att människan i ekonomiska sammanhang söker efter sådant som gagnar egenintresset. Detta har inneburit att egoismen i samhället ökat på bekostnad av solidariteten. Såväl Smith som Mill med flera efterträdare hävdade också vikten av människans frihet. Den fria marknaden som då uppstår kan skapa oplanerad ordning eller oordning. Marknaden behöver bevakas säger Hayek (Liedman, 2024).

Vad anser du/ni om homo economicus? Rimligt eller alltför drastiskt?

I slutet av medeltiden blomstrade kulturen eftersom människor hade en humanistisk vision att följa, d.v.s. Guds stad. Numera minskar viljan att göra humanistiska insatser. Undantag finns givetvis, till exempel inom vårdprofessionerna. I framtiden måste visionen vara Varats stad. För att uppnå Varats stad måste klyftan mellan vad som är nödvändigt och vad som är möjligt överbryggas. Produktionen måste tjäna folkets d.v.s. ett flertal intressenters verkliga behov, inte det ekonomiska systemets krav. Ägarnas och styrelsernas rätt att planera produktionen enbart på grundval av lönsamhet och produktionsmöjligheter måste begränsas. Humanistisk styrning måste ersätta byråkratisk styrning och industriell och politisk demokrati måste bli verklighet.

Fromm (1976) diskuterar ytterligare en karaktär som har relevans för ett pluralistiskt perspektiv, nämligen den auktoritära karaktären. Auktoritet handlar om ett förhållande mellan människor som präglas av att den ena parten ser upp till den andra som den överlägsna. Fromm skiljer mellan rationell auktoritet och hämmande auktoritet. Det första präglas av beundran, tacksamhet och kärlek medan det andra handlar om exploatering. Den hämmande auktoriteten ökar avståndet mellan de inblandade medan den rationella karaktären genom lärande kan resultera i att avståndet minskar.

Texten i detta avsnitt har betydelse för hur man ser på och arbetar med arbetsmiljöfrågor och hälsa på arbetsplatsen. Vi kan konstatera att befrämjandet av en pluralistisk och humanistisk social hållbarhet och arbetsmiljöstyrning präglad av varande förtjänar mycken reflektion kring grundläggande synsätt avseende värde, moral och normer. Detta kan underlätta vägen mot ett frihetens rike. Innehållet i kapitlen 6 och 7 avser att ge en ökad förståelse till ramverket som vi presenterade i kapitel 5. Det avser särskilt grundläggande synsätt, interaktiv kommunikation, motivation och lärande.

7.6 Demokrati, frihet eller grymhet?

I motsats till liberalismens fokusering på individen framhåller kommunitarismen gemenskapens betydelse. Samhällskaraktärer kan utvecklas genom kommunitaristisk verksamhet (Liedman, 1997). Det sociala omhändertagandet som förekommit under århundraden i norska Namdalen (se kapitel 6) är ett exempel på en kommunitaristisk snarare än liberal idé och handling. När det gäller arbetsmiljö kan kommunitarism vara en viktig aspekt att tänka på och agera efter på ett pragmatiskt sätt.

För den mänskliga existensen är erkännandet av vårt ömsesidiga beroende av avgörande betydelse (Hägglund). Vi lever i en objektiv ovisshet (Kirkegård/Hägglund) avseende kunskap om såväl det förflutna som framtiden. Det nödvändiggör det ömsesidiga beroendet liksom den kollektiva sekulära tron. Men tron är utsatt för risker. Detta betyder att vi riskerar att känna oss svikna eller förkrossade. Vi kan inte vaccinera oss mot detta men däremot medvetna om alltings ovisshet. Kunskap liksom samhällskaraktärer är förgängliga, vilket stärker det ömsesidiga beroendet.

Ett existentiellt engagemang ger livet mening. Engagemanget blir en motiverande kraft (Hägglund, 2020), men ju mer du engagerar dig desto större blir riskerna. Det engagerande varandet blir riskfyllt. Genom ett passionerat förhållande till tex social hållbarhet/arbetsmiljöfrågor riskeras den egna identiteten eller livet. Varandet och människors relationer hotas ständigt även på andra sätt bl.a. genom dåliga, depraverade vanor som t.ex. meritokrati, hyckleri och snobberi. Detta behandlas av den lettiska filosofen Judith Shklar (Runciman, 2024). Även om meritokratin utgår från människors lika värde har begåvning, utbildning och prestationer betydelse för status och därmed även rangordning av människor. Detta kan avsiktligt eller oavsiktligt skada andra genom att människor med en ''lägre'' status inte respekteras. Denna process kan vara grym menar Shklar. Att snobberi och i än högre grad hyckleri är vanligt i såväl stort som smått är numera uppenbart. Det är tydligt inom såväl politiken, särskilt inför val, som inom sociala media. Influencers och andras välpolerade fasader visas på mobilskärmar vilket på ett grymt sätt kan skada många andra människor. Politiker säger sig ofta sträva mot fullständig transparens. Shklar hävdar att detta bara leder till ett ökat hyckleri. Vi närmar oss innehållet i nästa avsnitt.

Schumpeter, som vi refererat till ett antal gånger, ägnade stor energi åt frågor om kapitalism, socialism och demokrati. Demokratin vilar på en slags show i vilken hyckleri och manipulation är ett centralt inslag. Politikerna försöker övertyga väljarna så att de (politikerna) kan ta eller behålla makten (Runchiman, 2024). Det spelar mindre roll om det som politikern föreslår är bra eller dåligt. Det viktiga är att vinna. För att göra det används reklam, slogans och musik. Men demokrati är inget självändamål enligt Schumpeter. Det är ett verktyg för att uppnå något, t.ex. ett kapitalistiskt samhälle. Kapitalismen bygger på innovation, dvs att gamla tekniker förstörs och ersätts av nya (creative destruction). Men den kapitalistiska dynamiken öppnar också för en pragmatisk socialism (socialdemokrati) eftersom den är mer tilltalande för väljarna.

Men observera, demokrati är endast en metod för att uppnå mål. En grundläggande ide med demokrati som metod är att den ska syfta till att identifiera vad som är allmännytta i samhället. Men detta kan vara högst problematiskt pga väljarnas ignorans när det gäller vissa frågor. Väldigt få människor, om ens några, är experter inom alla fält. Det vi känner bäst till är sådant som berör oss själva. Tillspetsat, säger Runciman, handlar demokrati om att sälja de glittrande projekt som politikerna föreslår. Med nutidens teknologi blir säljarjobbet alltmer sofistikerat. Liksom företag strävar efter monopol på den marknad de är aktiva inom har även demokratin och dess representanter samma ultimata mål. Avreglering är en produkt som politiker lockar med men i själva verket är det bara ett säljtrick på vägen mot en monopolisering av demokratin. Säljhyckleriet och monopolsträvan är enligt Schumpeter den moderna demokratins essens. Demokratins essens kan dock utvecklas till grymma processer som skadar dem som demokratin var tänkt att skydda och stödja. Processerna har inte alltid något inneboende värde även om en majoritet stödjer processen. Den öppenhet som sociala medier vilar på kan vara mycket grym för en del människor.

Monopoliseringen av marknader, idéer, normer och makt kan se olika ut. Amerikanen Fredrik Douglas var född slav i Maryland. Han kunde läsa vid tidig ålder och blev såväl fysiskt stark som vältalig. Ett avgörande tillfälle som, visserligen långt senare i hans liv, ledde till hans frihet var att han med sina knytnävar befriade sig från sin slavägare. Sin begåvning, sin vältalighet och ideologiska övertygelse kunde han senare använda sig av för att kraftfullt argumentera för slavsamhällets avskaffande i USA. Hans slagord kan sammanfattas som; fly från slaveriet, exponera de omänskliga förhållanden som slavar lever under samt avskaffa slaveriet (Runciman).

Simon de Beauvoir skrev om och argumenterade mot en annan form av grymt slaveri, mäns förtryck av kvinnor. Så sent som 1949 fick kvinnor rösträtt i Frankrike. Beauvoir menar att kvinnor i stora delar av världen saknar frihet pga att kvinnor anses underlägsna männen (Runciman).

Denna implicita och allestädes närvarande föreställning blir en fälla som det är vårt och eller omöjligt att fly ifrån.

Slaveri liksom förtryck av kvinnor är fruktansvärda exempel på grymhet men logiken avseende förtrycket kan också översättas till arbetslivet. Låt oss ta exemplet Mo och Domsjö som utgångspunkt. Arbetarna hade det troligen hyfsat bra på ön Norrbyskär. De behövde inte svälta och de gavs tillfälle att framföra vissa åsikter. Men egentligen var åsiktsfriheten illusorisk. Det bar chefen som bestämde. Även om friheten för den förtryckte har utvecklats finns alltjämt ett implicit hot. Makten finns hos ägarna och ledningen. Lönsamhet är prio ett. Om inte lönsamheten når för intressenterna acceptabla nivåer blir anställningen osäker. För en barnfamilj är det inte lätt att bara sticka iväg, att orka synliggöra orättvisor på arbetsplatsen och att, framförallt, avskaffa det kapitalistiska samhället. Vår text närmar sig innehållet i nästa avsnitt, demokrati.

Runcimans texter berör ofta demokratibegreppet. Men vad betyder det egentligen? Liedman anser att i ett demokratiskt samhälle har folket, folkmajoriteten, ett avgörande inflytande över de politiska skeendena. Är det så enkelt? Hur uttrycker sig de personer som Runciman skriver om?

Bentham, som var mycket radikal för sin tid, menade att viktiga steg mot ett demokratiskt samhälle var att ge vidgade möjligheter för alla män att rösta, hemliga valsedlar, samt årliga val och möten. För Frederic Douglas innebar begreppet något annat. Hämtat från sina egna erfarenheter som slav menade han att vägen mot demokrati handlade om att först fly från slaveriet, sen avslöja slaveriets förskräckliga orättvisor och till sist att avskaffa slaveriet. Han framförde också tanken om en representativ politik. För Rosa Luxemburg var demokrati en del av den socialistiska revolutionen. En pågående demokrati var viktig för att nå revolutionens potential.

En helt avvikande åsikt hade Nietsche som ansåg att liberal demokrati kväver människans storhet. Carl Smitt skiljer mellan begreppen liberalism och demokrati och menar att liberalism respektive demokrati inte passar ihop. Liberalism avser individen medan demokrati avser kollektivet. Liberalismen är också osammanhängande och heterogen. Även Schumpeter lägger andra innebörder i begreppet demokrati. Han anser att demokrati inte är som många socialister tror, dvs att arbetarklassen ska kunna styra sig själv. Detta är ren fantasi. Men däremot kan demokrati bana väg för kapitalism. Schumpeter ägnade stor energi åt frågor om kapitalism, socialism och demokrati. Demokratin vilar på en slags show i vilken manipulation är ett centralt inslag. Politikerna försöker övertyga väljarna så att de (politikerna) kan ta eller behålla makten (Runchiman, 2024). Det spelar mindre roll om det som politikern föreslår är bra eller dåligt. Det viktiga är att vinna. För att göra det används reklam, slogans och musik. Men demokrati är inget självändamål enligt Schumpeter. Det är ett verktyg för att uppnå något, t.ex. ett kapitalistiskt samhälle. Kapitalismen bygger på innovation, dvs att gamla tekniker förstörs och ersätts av nya (creative destruction). Men den kapitalistiska dynamiken öppnar också för en pragmatisk socialism (socialdemokrati) eftersom den är mer tilltalande för väljarna.

Shklar uttrycker oro för vad demokratin kan före med sig. Visserligen är avsikten att alla ska vara jämlika och att därmed ingen ska kunna härska över andra genom sitt namn. Men även demokratier har sina rankingar och kaster. Detta kan bli ännu värre i demokratier. Snobberi baserat på meritokrati tex kan bli än värre genom att de som agerar snobbigt tror att det är andra egenskaper än bara namnet som ger dem en särskild position. Som konsekvens härav kan detta leda till att snobben ser ner på och behandlar andra människor på ett grymt sätt.

De motsägande tankarna och tolkningarna av begreppet demokrati förstärker undringarna över olika idéer om vad demokrati innebär. Den amerikanska filosofen Dewey menar (enligt Liedman, 1997) att demokrati handlar om fria val, lika rösträtt och mötesfrihet men också om ett minskande avstånd och friare samvaro mellan grupper, klasser, raser och folk. I ett sådant samhälle har olika grupper en tilltro till mångfald vilket också bidrar till jämvikt i samhället. Det senare förstärks av den ekologiska ekonomen Söderbaum (2008), som skriver att demokrati bygger på iden om en interaktiv process som låter många människor delta i diskussioner och lärande. Denna ideologi förstärker demokratin när den institutionaliseras (Liedman, 1997).

Men observera, demokrati är endast en metod för att uppnå mål. En grundläggande ide med demokrati som metod är att den ska syfta till att identifiera vad som är allmännytta i samhället. Men detta kan vara högst problematiskt pga väljarnas ignorans när det gäller vissa frågor. Väldigt få människor, om ens några, är experter inom alla fält. Det vi känner bäst till är sådant som berör oss själva. Tillspetsat (säger Runciman) handlar demokrati om att sälja de glittrande projekt som politikerna föreslår. Med nutidens teknologi blir säljarjobbet alltmer sofistikerat. Liksom företag strävar efter monopol på den marknad de är aktiva har även demokratin och dess representanter samma ultimata mål. Avreglering är en produkt som politiker lockar med men i själva verket är det bara ett säljtrick på vägen mot en monopolisering av demokratin. Säljhyckleriet och monopolsträvan är enligt Schumpeter den moderna demokratins essens. Demokratins essens kan dock utvecklas till grymma processer som skadar dem som demokratin var tänkt att skydda och stödja (jfr Shklar). Processerna har inte alltid något inneboende värde även om en majoritet stödjer processen. Den öppenhet som social medier vilar på kan vara mycket grym för en del människor.

Trots de risker som Runciman och Shklar pekar på är det svårt att se något alternativ till den demokratiska friheten. Med åsiktsfriheten kan vi alla tillåtas diskutera olika alternativ avseende samhällsutvecklingen. Jenagruppen liksom "de gamla" ekonomerna diskuterade detta, men diskussionen har avtagit. Den fria marknaden dominerar numera inom alla samhällsområden och den rikedomsökning och ekonomiska jämlikhet, som Concordet (Liedman, 1997) redan på 1700-talet förutspådde, har inte skett. Diskussionerna om grundläggande samhällsvärderingar har klingat av och ersatts med kvantitativa beräkningar. Det senare har påverkat möjliga samhällsförändringar i olika grad (Liedman, 2024). Makt, pengar och kvantifieringar i kombination med skattesänkningar har lett till och leder i än högre grad numera till ökade effektiviseringskrav. Byråkratin tillåts svälla ut för att effektivisera kärnverksamheten, men eftersom resurstilldelningen är oförändrad minskar resurserna till verksamheten. Detta är mycket tydligt inom tex sjukvård och skola. Det blir allt svårare för dem att fullgöra sitt uppdrag. Tilläggas bör att under de senaste decennierna har även den politiska makten stått sig slätt mot den ekonomiska (Liedman, 1997). Dessa förluster av andra värden än ekonomiska drabbar mänskligheten.

Slaveri liksom förtryck av kvinnor är fruktansvärda exempel på grymhet men logiken avseende förtrycket kan också översättas till arbetslivet. Låt oss ta exemplet Mo och Domsjö som utgångspunkt (se nästa avsnitt). Arbetarna hade det troligen hyfsat bra på ön Norrbyskär. De behövde inte svälta och de gavs tillfälle att framföra vissa åsikter. Men egentligen var åsiktsfriheten illusorisk. Det var chefen som bestämde. Även om friheten för den förtryckte har utvecklats finns alltjämt ett implicit hot. Makten finns hos ägarna och ledningen. Lönsamhet är prio ett. Om inte lönsamheten når för intressenterna acceptabla nivåer blir anställningen osäker. För en barnfamilj är det inte lätt att bara sticka iväg, att orka synliggöra orättvisor på arbetsplatsen och att, framförallt, avskaffa det kapitalistiska samhället.

I en kort artikel klassificerar Staffan Lindberg i Göteborg begreppet på följande relativt enkla sätt: Liberal demokrati; civila rättigheter, självständigt rättsväsende, likhet inför lagen. Elektoral demokrati; Olika rättigheter kringskurna men fortfarande politisk opposition, rättvist valsystem, yttrandefrihet och mötesfrihet. Elektoral autokrati; Flerpartisystem men utan yttrande- och mötesfrihet. Slutna autokratier; Inga verkliga val, ingen yttrande- eller organisationsfrihet (Lindberg, 2024). Eftersom det är en kort tidskriftsartikel ges inte möjlighet till ett vidgat resonemang kring begreppet. Därför har vi kort redogjort även för andra utsagor.

Reflektera över/diskutera avsnittets innehåll. Är demokrati en viktig förutsättning för social hållbarhet i allmänhet och arbetsmiljöstyrning i synnerhet?

7.7 Exemplet MoDo, ägande eller varande, moral eller omoral?

I texten hittills har vi påstått både det ena och det andra, ibland med stöd av andra referenser, ibland utan sådana. I det vardagliga tänkandet och handlandet är det ofta inte så lätt som vi kanske givit intryck av. Att tolka och klassificera såväl samhällsnormer, karaktärer, moraliskt handlande, styrningsideologier liksom det mesta vi argumenterat för i boken är oftast mycket svårt. Diktaren i Strindbergs drama "Ett Drömspel" uttrycker sig lite annorlunda (men det är roligt). Han säger "Du har ju sett en hjärna...vilka krokvägar, vilka krypvägar... Ja det är därför, som alla rättänkande tänka så krokigt" (Ahlberg, 1939).

Vi tar ett exempel som illustration. 1867 och 1868 var det utbredd svält i hela Norrland efter missväxt p.g.a. extremt kalla vintrar och somrar. Arnäs kommun, strax norr om Örnsköldsvik, bad regeringen om hjälp med 14.000 riksdaler som räntefritt lån och 1500 riksdaler som gåva för att klara av fattigdomen. Landshövdingen avrådde emellertid regeringen från att bevilja denna begäran. Orsaken var att priserna på timmer skjutit i höjden och att många skogsarbetare därför samlats i bygden. De hade vant sig vid en god förtjänst, stannat kvar i Arnäs, gift sig och fått många barn. När nu arbetsmöjligheterna minskade kom de att "ligga fattigvården till last" (Västerbro, 2018, sid 79). P.g.a. landshövdingens avrådan avslogs begäran. Detta fick till följd att dödligheten var mer än dubbelt så hög jämfört med normala år. Den utbredda svälten fortsatte under 1869 men då drabbades södra Sverige hårdast. Detta medförde en mycket stor utvandring bl.a. till Amerika. De tre svältåren följdes snart av ett ordentligt ekonomiskt uppsving. Industrialiseringen tog fart.

Under 1870- och 80-talen när emigrationen pågick för fullt beskrevs Västernorrlands län som ett litet "Amerika i Sverige" (Gårdlund, 1951) p.g.a. dess befolkningsökning. Människor flyttade dit från andra delar av Sverige. Orsaken till detta var främst den snabbt expanderande sågverksindustrin. Ett av dessa sågverk var Mo vattensåg beläget vid Moälven i Själevads socken, inte långt från Örnsköldsvik. Sågverket hade funnits sedan mitten av 1700-talet men växte i betydelse i samma takt som svensk sågvaruexport. P.g.a. industrialiseringen och befolkningsökningen i

England och övriga Europa ökade behovet av sågade trävaror. Såväl export-som importtullar avskaffades gradvis, tekniken utvecklades och produktiviteten ökade. Genom detta påbörjades under slutet av 1800-talet sågverkens omvandling till storindustri.

Produktionen fördubblades under perioden 1872 - 1900. Arbetskraftsbehovet kunde tillgodoses genom inflyttning och bakom produktivitetsökningen låg dels mekanisering av många moment i produktionen, dels elektrifiering som bl.a. möjliggjorde fler och längre produktionsdagar på vintern. Råvarusvinnet minskade också genom förbättrad teknik. Det sågade virket hade också börjat förädlas genom mekaniserad hyvling. Största delen av Mo ångsågs försäljning gick på export genom ett nät av agenter i olika europeiska länder. Kunderna var ofta solventa. Virkesförsörjningen tryggades genom skogsinköp.

Mo vattensågs soliditet var hög och lönsamheten god. Gårdlund (1985) sammanfattar att de nödvändiga produktionsfaktorerna, teknik, arbetskraft, råvarutillgångar, försäljningsförmåga och finansiella resurser både förenats på ett gott sätt och medfört goda möjligheter för företagets framtid.

1872 bildade elva barn i familjen Kempe Mo och Domsjö AB. Den tongivande var Frans Kempe, som anställts 1875 och blivit verkställande direktör 1884. Den starka expansionen av verksamheten skapade sysselsättning och bolaget blev också känt som socialt ansvarstagande bl.a. genom inrättande av lantbrukshushållsskolor, byggandet av bostäder och icke minst idealsamhället på Norrbyskär. På Norrbyskär fanns en lokal affär liksom tillgång till sjukvård m.m. Frans Kempes motiv när det gäller det sociala ansvarstagandet har problematiserats av Nordström (1993). Han diskuterar Kempes motiv bakom den förda personalpolitiken och menar att skälet var att undvika att fackföreningar fick fäste. Denna åsikt förstärks i en intervju med Knut Sjöblom, som var stabbläggare på brädgården i Domsjö. Sjöblom var ordförande i en arbetarkommun. Pga av detta blev han anklagad för att ha startat en "fackföreningsunge" och hotad med avsked av förvaltaren (Inspelad intervju med Knut Sjöblom från 1975). (Men, som Sjöblom påpekar, arbetarkommunen var inte en fackförening utan en politisk förening.) Nordström menar att Kempes ledning präglades av patriarkala motiv.

Nordström skriver:
"Förmåner till arbetarna borde motverka missnöje bland dessa. Om de bodde i företagets lägenheter så borde detta också öka deras beroende av arbetsgivaren. Nöjda och beroende arbetare kan förutsättas ha ringa intresse för fackföreningsrörelsen och vara benägna att följa arbetsgivarens intentioner. Ett avskaffande av förmånerna kan tänkas bli använt av arbetsgivaren som ett hot i kritiska situationer." (Nordström, 1993, s. 29).

Nordström visar i en tabell en lista över vanliga förmåner i en patriakalisk brukspolitik.

Bostäder och ved.
Gemensamhetsanläggningar av typ tvättstugor, bagar-stugor
Handelsbod ägd av företaget
Allmosor, gratifikationer
Sparkassor
Olycksfallsförsäkring
Sjukkassor, pensionskassor
Fast anställning, livstidsanställning
Kulturella anordningar som skola, bönhus, företagsstödda föreningar, fester
Gula arbetareföreningar
Vinstandelar
Daghem, träningsanläggningar, friskvård

Många av dessa förmåner infördes och blev en bestående del av Mo och Domsjö ABs personalpolitik i många decennier framöver.

Frans Kempe var en föregångare på många sätt bl.a. när det gällde att inrätta pensionskassor för de anställda (Nordström, 1993). Knut Sjöblom menar att Kempe var negativ mot att fackföreningar etablerades men han var inte knusslig när det gällde förmåner av olika slag (Intervju med Knut Sjöblom). Vitsorden om honom varierar men han förefaller på många sätt ha varit en driftig patriark med stark kontroll över hela verksamheten. Han var troligen också en kraftfull person. Enligt bolagsstämmoprotokollet 1916 säger Kempe om sig själv: "Med fog kunnen I anklaga mig för att hafva varit en despot. Ja förvisso, det har jag varit. Jag har inte tillåtit någon inblandning i den affär jag skött" (Nordström 1993 s. 18.)

MoDos affärsmodell var säkerligen att bygga upp en förmögenhet för ägarna genom att exploatera den snabbt ökande efterfrågan på sågade trävaror i främst Europa. Men det kan inte uteslutas att Kempe också hade en samhällsvision och ambition. Han ansåg att den som var bäst lämpad att styra verksamheten var den arbetande verkställande direktören, d.v.s. han själv. Det fanns t.ex. ingen anledning att utöka bolagsstyrelsen med representanter som inte var väl insatta i verksamheten (Nordström, 1993).

Affärsmodellen byggde på förädling av skogsråvaran. Fortlöpande tillgång till skog var nödvändig, vilket tillgodosågs genom uppköp av skogsmark. Timret flottades till sågverken som låg vid älvmynningarna. Flottningsarbetet var livsfarligt. För att ytterligare förbättra effektiva leveranser av råvara mekaniserades inmatningen av timmer i sågverken. Leveranser av färdiga produkter till kunderna skedde till sjöss, i vissa fall med de båtar som tidigare ägts av Mo ångsågs. Fartygsflottan utökades också. Handeln mellan Mo och Domsjö AB och slutkunden organiserades genom ett utbyggt nät av agenter.

Innovativiteten var hög under perioden. Ökad elanvändning och mekanisering bidrog till ökad produktivitet. Under de trettio åren expanderade verksamheten på många sätt. Vinstmarginalen var mycket god, soliditeten förbättrades. Det mesta pekade uppåt. Risker undveks på många sätt, genom diversifiering av verksamheten och i ännu högre grad genom tydlig och stor kontroll av verksamhetens alla dimensioner. Kempe tillät inte inblandning i den affär han skötte.

Arbetareföreningar var inte ovanliga längs Norrlandskusten. Exempelvis bildade arbetarna vid Bureå sågverk (ett par milsöder om Skellefteå) "Bure friastående arbetarförening". Detta var 1907 (Enquist, 1978). Enligt Enquist var arbetarföreningen i Bureå först negativ och senare tveksam till den fackliga rörelsen inom Landsorganisationen (LO). Av föreningsmötesprotokollen framgår vidare att även om vad vi idag skulle kalla fackliga frågor diskuterades var arbetarna mycket tveksamma till att framställa krav. Detta gäller t.ex. frågan om arbetsfria söndagskvällar. Dålig ekonomisk ersättning stod arbetarna ut med, men ett rykte om att en förman skymfat arbetarna genom att kalla dem försoffade och slöa kunde man inte tåla enligt mötesprotokollen. Diskussionerna inom arbetarföreningen ledde efterhand till att relationen till arbetsgivaren förändrades. Lönevillkoren hårdnade vilket enligt mötesanteckningarna ledde till en ökande solidaritet och därmed en första strejk på hösten 1908. En statlig förlikningsman tillkallades. Mötet med honom blev en besvikelse för föreningen. Arbetarföreningen lades ner efter bara två års verksamhet. Detta banade sedan väg för en fackförening ansluten till LO, d.v.s just det som disponenten vid Bureå sågverk fruktade mest (Enquist, 1978).

Även Frans Kempe undvik fackföreningsrörelsens etablering på ett annat sätt. Han tog själv initiativ till bildandet av samarbetsvilliga arbetarföreningar. Kempes uttalande om sig själv som despot indikerar att något slag av interaktiv kommunikation förmodligen var främmande för Kempe. Han menade också att genom förmåner av många olika slag kunde fackföreningarnas etablering motverkas. Förekomsten av strejker var och förblev också anmärkningsvärt låg. På 1890-talet inrättades förtroendenämnder i vilka lönevillkor och andra anställningsförhållanden fastställdes mellan VD och de anställdas representanter (Gårdlund, 1985). Kempe erbjöd också, i början av 1900-talet, arbetarna att köpa aktier i bolaget (Nordström, 1993). Detta var en tidig och djärv idé som arbetarna inte nappade på.

Mo och Domsjö AB hade inga större problem att skaffa arbetskraft, säkerligen delvis beroende på anställningsförmånerna. D.v.s. Mo och Domsjö AB torde ha varit attraktiv som arbetsgivare. Arbetarna fick det materiellt bra vilket troligen bidrog till de anställdas motivation. Deras frihet var dock starkt kontrollerad och begränsad vilket kan ha påverkat negativt. Mönstersamhället Norrbyskär med alla dess förmåner ligger på en ö i havet utanför norra Ångermanland. Var det en lycksalighetens ö? Den begränsade friheten rimmar inte väl med det frihetsideal som vi i västerlandet haft alltsedan franska revolutionen. Som Engqvist (1978) tydliggör var arbetarna mycket starkt beroende av patriarkens skyddande hand.

Den patriarkala samarbetsandan levde kvar efter att Frans Kempe lämnat bolaget. Som en följd av detta träffades redan 1947 ett avtal om företagsnämnder. Syftet var att genom samverkan åstadkomma bästa möjliga produktion, ge anställda insikt i verksamhetens ekonomi, och verka för anställdas trygghet och goda produktions- och arbetsförhållanden (Gårdlund, 1985). De förmåner som införts under Frans Kempes tid förbättrades ytterligare. Företagshälsovården utvecklades och en sjukstuga tillkom. I slutet av 1930-talet byggdes också tre segregerade tjänstebostadsområden för arbetare, förmän och tjänstemän på den ort där den största delen av verksamheten bedrevs.

Vi har valt exemplet därför att det illustrerar dilemmat när det gäller såväl ägande/varande som moral/omoral. Frans Kempe var visserligen en despot (som han säger själv) och motverkade etablering av fackföreningar. Han gjorde detta genom att tillse att arbetskraften hade tillgång till mat för dagen, bostad och hälsovård m.m. i en tid när alternativet kunde vara att "ligga fattigvården till last" (Västerbro, 2018, sid 79). 'Idealsamhället' Norrbyskär synliggör hur arbetarna berövades ägandet av sin egen frihet. Å andra sidan gavs de, till skillnad från många andra arbetare i Norrland, möjlighet att leva (vara) i välstånd. Att Kempes tänkande och handlande troligen var pluralistiskt med den stora reservationen att det fanns ett utilitaristiskt uppsåt att genom användningen av resurserna skog och arbetare berika bara en intressent nämligen ägarna. Patriarken Kempes handlande var långt ifrån vad vi idag betraktar som ett demokratiskt agerande. Men var hans handlande moraliskt eller omoraliskt? Det är svårt att bedöma med hänsyn till den utbredda fattigdomen. Det lär nog vara så att arbetarna kortsiktigt värdesatte de förmåner som de hade. Men hur tänkte de som hade ett långsiktigt perspektiv? Man kan också fråga sig om arbetarna kände sig fria. Det var inte lätt att lämna ön. Därtill krävdes en båt och kanske en stor sådan för en flerbarnsfamilj. Att det fanns ett demokratiskt underskott förefaller ganska uppenbart med hänsyn till olika sätt att se på demokratibegreppet. Frågorna är många.

Ägande eller varande liksom moral eller omoral, det är frågan. Vilken är din/er uppfattning? Finns det fler aspekter som kan diskuteras utifrån praktikfallet?

8. Den pluralistiska ekonomin, exemplet arbetsmiljöstyrning

I detta slutkapitel sammanfattar och kompletterar vi väsentliga tidigare presenterade tankar och frågeställningar som kan leda till en pluralistiskt baserad ekonomi byggd på social hållbarhet i en humanistisk värld.

Det finns relativt många studier som indikerar, det egentligen självklara, att en god arbetsmiljö och därmed god hälsa på arbetsplatsen också leder till en god ekonomi. Andra studier kan visa att en god ekonomi möjliggör en bättre arbetsmiljö. Många studier är emellertid inte välgjorda och därför opålitliga. Men det finns tillräckligt många välgjorda studier för att hålla fast vid att det är ekonomiskt försvarbart att satsa på en bra arbetsmiljö. Det kan också uttryckas så att utilitaristiska skäl talar för att en organisations arbetsmiljöpolicy bör vara att värna varje anställds hälsa.

Olika kalkyleringsmetoder för att belysa de ekonomiska konsekvenserna av missförhållanden eller förändringar av arbetsmiljön är viktiga att använda när så erfordras. Den stora fördelen med kalkylering liksom ekonomisk redovisning av kostnader är att det kan användas som underlag för beslut eller att uppmärksamheten kan påverkas hos de som informeras om beräkningarnas resultat. Det senare kan i sin tur innebära att kunskapen om vad som är god hushållning med begränsade resurser ökar hos mottagaren. Men det är också så att varken ekonomiska beräkningar eller kunskap om detsamma med självklarhet påverkar agerandet. Det finns oftast inte en enkel kausalitet mellan uppmärksamhet, kunskap och handling. Som ordspråket säger *"Mellan koppen och munnen kan teet lätta skvimpa över"*. I stället för att utgå från att det handlar om en enkel kausalitet och rationellt beslutsfattande är det mycket rimligare att beakta förändringar avseende arbetsmiljön som komplexa system.

Med referens till Erich Fromm kan kalkyleringsproblematiken också formuleras på följande sätt; i bästa fall startar kalkyler lärprocesser som leder in i "varandets" värld. Men i sämsta fall startar inget lärande utan kalkylen blir något som den hämmande auktoriteten "äger" för att utöva makt. En förutsättning för en god arbetsmiljöstyrning byggd på lärande är att styrningsidealet utgår från ett varande-perspektiv.

Vi har också redogjort för den ekonomiska redovisningens utveckling med start redan på 1400-talet. Om redovisningen från början handlade om att hålla viss ordning och reda bland handelstransaktioner utvecklades den med tiden till att bli alltmer komplex och sofistikerad. Den blev också ett instrument för ledning och ägare att utöva sin makt i förhållande till anställda och även vissa andra intressenter. Men från 1970-talet började redovisningen att förändras. Den sociala redovisningen vände sig till nya målgrupper, nya intressenter av organisationens verksamhet. Den utvecklingen har fortsatt och förstärkts beroende på att hållbarhetsfrågorna med koppling till såväl klimat och miljö som sociala frågor blivit allt mer komplexa och viktiga för människors liv.

Ekonomiska beräkningar syftar till att klargöra och förändra. Därför behöver beräkningarna sättas in i ett sammanhang. De utgör en faktor bland flera i en organisations styrsystem. I det förslag till ramverk för analys eller design av ett system för styrning, som vi presenterat, behandlar vi såväl den traditionella, eller som vi föredrar att kalla det den funktionella styrningen, som de kontextuella processerna. Den funktionella styrningen handlar om mål, strategier, resultat etc, medan de kontextuella handlar om organisation, ansvar, kommunikation, lärande och motivation. Men framförallt behöver alla styrsystem harmoniera med ett grundläggande synsätt avseende verksamhetens syfte. Det synsättet handlar om hur vi ser på sociala frågor relaterade till andra människor. Styrsystemen måste bygga på en humanistisk grund. En interaktiv kommunikation mellan såväl anställda som ledning är nödvändig för att arbetsmiljöstyrningen liksom annan styrning ska vara god för såväl den enskilde anställde som organisationen och samhället.

Det humanistiska perspektivet handlar om moraliskt handlande utifrån etiska principer. Handlandet liksom principerna är numera tyvärr alltför ofta knutet till ordet värde och pengar. Men vad betyder detta, handlar värde om pengar? Men om mynt och sedlar knappt används längre vad är egentligen pengar då? Pengar blir då snarare ett abstrakt begrepp, ett språkligt uttryck eller kanske ett sätt att organisera samhällen. Varför är ett abstrakt penningspråk viktigare än andra värden? Dessa funderingar ledde oss vidare till existentiella reflektioner. Det senare handlar om vad som är värdefullt i livet och på arbetsplatsen. Vad är nödvändigt och vad ger frihet? Är det viktigare att berika sig genom att äga, t.ex. genom konsumtion, eller är själva varandet det viktiga? Är nyfikenhet och kunskapsutveckling av värde för ett meningsfullt liv? Även dessa frågor har höggradig relevans inte bara för vår stund på jorden utan även för vår stund på arbetet. Hur vi ser på vad som är värdefullt har en fundamental betydelse för såväl det grundläggande synsätt som finns avseende en viss organisations existens som det tänkta styrningsidealet.

Nyfikenhet och utveckling av kunskap präglade Jenagruppen i deras sökande efter att förena naturvetenskap och poesi. Som en reaktion på monarkers och andras rätt att bestämma över människor framhöll gruppen individens rättighet till frihet. Det senare ser vi idag som ett självklart villkor för att ett samhälle ska kunna kalla sig demokratiskt. Jenagruppens uppfattning om behovet av att reflektera över det egna jaget liksom om konsekvenserna av sådana reflektioner för andra människor, natur och samhällsutveckling är också en ständigt pågående överlevnadsfråga för oss alla.

År 1968 publicerades Erich Fromm boken "Hoppets revolution". Han vänder sig mot byråkratiska, till skillnad från humanistiska ledningsmetoder. Byråkrati förbinds ofta med alienerande enkelriktade metoder som bygger på order och enkelriktad styrning från organisationens topp. Han förespråkar i stället en humanistisk ledning som inkluderar respekt för människans förmågor. Bl.a. hävdar han att om människan är passiv i produktionsprocessen och inom organisationen, kommer hon att förbli passiv även på fritiden. Med referens till Marx skriver Fromm "Låt människorna uppträda som varandras medmänniskor och låt dem ha ett mänskligt förhållande till världen. Då kan kärlek endast bytas mot kärlek, förtroende mot förtroende o.s.v." (Fromm, 1968). Fromms tankar är centrala när det gäller det styrningsideal som vårt ramverk vilar på.

Som framgått av bokens text menar vi att ekonomin framöver, inför alla hotande och redan existerande problem, inte kan förbli så endimensionell som den neoklassiska ekonomin varit. Allt handlar inte om nytta. Per definition kan inte pliktetiken ersättas med utilitarism. Social och ekologisk hållbarhet innehåller många problem som inte är substituerbara. Det gäller icke minst inom arbetsmiljö och hälsoområdet. När vi ska beskriva problem behövs ett språk som kompletterar det neoklassiska penningspråket. Kalkyler och ekonomisk redovisning måste kompletteras med andra beskrivningar av vad begreppet värde betyder för människor och natur. Ett tydligt exempel är det motsägelsefulla i mätningen och användningen av begreppet bruttonationalprodukt. Exempelvis ses produktion av tobak och toxiska kemikalier som plusposter i BNP trots att det leder till stora negativa effekter på människors hälsa.

Ett annat uppenbart problem som såväl Fromm som Hägglund lyfter fram är den ohejdade konsumismen och dess konsekvenser för människans hälsa. Det är inte otänkbart, utan snarare det motsatta, att konsumtionsreduktion kan förbättra välbefinnandet (O'Neill et al, 2018). Konsumtionssiffror och produktionssiffror kan ge intryck av styrka och effektivitet skriver Fromm (1968) samtidigt som han tillägger att detta ensidiga fokus kan leda till fysisk och psykisk ohälsa. I många studier har detta bekräftats. Människans fokusering på konsumtion, som vi ser idag, förvandlar henne till att se som sitt livsmål att äga mer och förbruka mer. Produktionen av onyttiga föremål resulterar också i onyttiga människor. Människan förvandlas till ett passivt ting. Hon blir offer för alienationen. Hon berövas sin förmåga till ett fritt och medvetet handlande som Marx uttrycker det. Även den instängda siffertrillande ekonomen riskerar att hamna i ett vakuum, riskerar att bli blind. Men Homo Consumens livsmål är inte förenligt med det klassiska hushållningsideal som ekonomibegreppet vilar på. Reflektion över vad vi anser vara värdefullt i livet kan förhoppningsvis förändra vårt aningslösa och kortsiktiga konsumtionsperspektiv till förmån för ett rikare liv med människan i centrum.

När Fromm (1976) diskuterar ägande och varande går han tillbaka till Mäster Eckhart som levde på 1200-talet. Eckhart använder ordet varande i två olika betydelser. I den första betydelsen betecknar varande de ofta omedvetna motiveringar som driver människan att handla. Han syftar alltså inte på själva tänkandet och handlandet. I den andra betydelsen menar Eckhart att varande handlar om att gå ut ur sig själv genom liv, förnyelse, öppenhjärtlighet, generositet och produktivitet. Denna betydelse kontrasterar mot det jagbundna och själviska ägandet som präglar stora delar av såväl konsumtionshysterin som den auktoritära ledning som inte så sällan ligger bakom såväl arbetsmiljöstyrning som annan verksamhetsstyrning. Ett exempel på detta redovisade vi i kapitel 7 (Mo och Domsjö).

Wikforss (2023), i likhet med andra, använder begreppet språkets produktivitet. Begreppet kan tolkas som att språket bidrar till kunskapsprocesser och därmed "varande". Om vi återvänder till ramverket för styrning kan man säga att den funktionella processen producerar kunskap utifrån ett neoklassiskt ideologiskt perspektiv. Men med den neoklassiska ideologin som grundläggande ideologi trängs den ideologi som bygger på hushållning, dvs bl.a. återanvändning, undan. För att undvika att vårt presenterade ramverk totalt domineras av en neoklassisk ideologi som framhåller betydelsen av tillväxt och konsumtion behöver den funktionella processens kunskapsproduktivitet kompletteras med de etiska/moraliska aspekter som kan sammankopplas med det ideologiska utgångsvärdet, dvs det grundläggande synsättet. Det senare kan vara relaterat till olika etiska principer och samhälleliga normer.

När det gäller tillväxt förtjänar det understrykas att givetvis är tillväxt inte alltid av ondo. Exempelvis kan det vara nödvändigt för ett fattigt land att genom ekonomisk tillväxt öka befolkningens levnadsstandard. Frågan är till vilket pris som tillväxten sker. Om den sker på bekostnad av usla arbetsmiljöer, minskad biologisk mångfald, förtryck eller andra övergrepp och om den dessutom är den ständigt förhärskande samhällsnormen är tillväxt förkastligt.

Den interaktiva kommunikationen har en central roll i arbetsmiljöstyrningen, liksom i annan styrning, genom att den öppnar för en fri kunskapsmarknad och därmed till kunskapsprocesser som del i varandet. Men den fria kunskapsmarknaden kan störas genom "gaslighting" d.v.s. genom att en auktoritär ledare, eller grupp, genom motstridig propaganda skapar förvirring. Detta är tyvärr mycket vanligt idag och innebär ett hot mot demokratin. Det försvårar "varandet" när det gäller fria kunskapsutvecklingsprocesser.

Som framgått av texten menar vi att pluralistisk ekonomi bör vara nära förbunden med ideologi och demokrati. Reflektioner om etik och moral liksom begreppet värde är viktigt. Hur kan förståelsen för samhällsnormer och förändringar av samhällskaraktärer användas för att hjälpa oss i valet mellan ägande och varande?

Wikforss (2023) knyter förståelse och kunskapsutveckling till demokrati. Hon menar att demokrati inte bara handlar om etablerade institutioner och vad människor vill. Det handlar också om kunskap. Även om människor tenderar att hålla fast vid en åsikt (bekräftelsebias) är det så att ju mindre man vet desto svårare är det att försvara det man vill. Detta gäller även arbetsmiljöfrågor. Lärande dvs kunskap som varande tillsammans med interaktiv kommunikation är av avgörande betydelse för innehållet i alla demokratiska processer, även organisations- och arbetsmiljöstyrning.

Liedman (2024) funderar över vår dunkla framtid. Han ser åtskilligt som gått fel i samhället. Vetenskapen ifrågasätts och ersätts med konspirationsteorier. Extremväder liksom en minskande biologisk mångfald riskerar att leda till samhällens kollaps. Krig bereder ut sig och demokratier försvinner. Ekonomismen härskar inom näst intill alla samhälleliga områden. För att återskapa ett gott ideologibaserat samhälle behöver vetenskapen skyddas från konspirationsteorier, folkbildningen förbättras och ekonomismen inte tillåtas vara ensamt styrande utan snarare ledsagas av grundläggande värderingar.

Ekonomin ska tjäna mänskligheten, inte tvärtom. Ekonomiska beslut måste fattas med en djup förståelse för deras inverkan på människor och planeten. En värld där "vara" har företräde framför att "äga" och där strävan efter kunskap och meningsfulla livsbetingelser är vägledande. Att bygga den världen kräver en grundläggande förändring i vårt sätt att tänka. Det är dags att gå bortom de snäva ramarna för ekonomiska indikatorer och utveckla en bredare vision om framsteg – en som värdesätter mänskligt välbefinnande, socialt ansvar och vår planets hälsa. En sådan vidgad förståelse och kunskapsutveckling bör också vara nära kopplad till vidgad och fördjupad kunskap om innebörden av demokrati. De val vi gör i dag kommer att avgöra vilken värld vi ärver i morgon. Låt oss välja klokt.

Vi har i boken tecknat ett brett perspektiv på en pluralistisk ekonomi. Givetvis kan åtskilligt läggas till. Troligen kan annat skalas bort. Vi som skrivit boken äger inte någon sanning om hur arbetsmiljön ur ett ekonomiskt pluralistiskt perspektiv bör eller kan utvecklas. I sin Tractatus Logico-Philosophicus uppmanar Ludvig Wittgenstein den läsare som har förstått hans utsagor, att kasta bort dem på samma sätt som hon (läsaren) borde kasta bort stegen när hon väl klättrat upp på den (Fredriksson, 1993). Det tycker inte vi. Vi är snarare "varande" och hoppas att med dig som läsare få reflektera vidare kring fortsatt kunskapsutveckling av bokens tema.

Referenser

1. Ahlberg, A. (1939) Konsten att tänka. Konsten att diskutera. Arbetarnas Bildningsförbunds Skriftserie.
2. Almqvist, R., Holmgren, M., Johanson, U, Mårtensson, M. (2012) Ansvarsfull verksamhetsstyrning. Liber.
3. Amit, R. & Zott, C. (2001) Value creation in E-business. Strategic Management Journal 22 (6/7), 493e520. http://onlinelibrary.wiley.com/doi/10.1002/smj.187/full
4. Andersson, M. (2014). Välfärdssektorn – en arena för makt och motstånd. Effekter av nya styrningsstrukturer på aktörers handlingar. Mälardalens högskola.
5. Arbetsmarknadsdepartementet (1991) Personalekonomisk redovisning - förslag till lagstiftning. DS 1991:45.
6. Argyris C. & Schön, D.A. (1992). Theory in Practice: Increasing Professional Effectiveness. Jossey-Bass.
7. Asplund, J. (1970) Om undran inför samhället. Argos Förlag.
8. Asplund, J. (1987) Det sociala livets elementära former. Bokförlaget Korpen.
9. Austin, J.L. (1961) Philosophical papers. Oxford: Clarendon.
10. Bakker A.B., Demerouti E., Sanz-Vergel A. (2023) Job Demands–Resources Theory: Ten Years Later. Annual Review of Organizational Psychology and Organizational Behavior, 10:1, 25-53.
11. Baker, K. M., Goetzel, R. Z., Pei, X., Weiss, A. J., Bowen, J., Tabrizi, M. J., Nelson, C. F., Metz, R. D., Pelletier, K.R. Thompson, E. (2008) Using a return-on-investment estimation model to evaluate outcomes from an obesity management worksite health promotion program. Journal of occupational and environmental medicine, 50(9), 981–990. https://doi.org/10.1097/JOM.0b013e318184a489
12. Bakotić, D. (2016) Relationship between job satisfaction and organisational performance. Economic Research-Ekonomska Istraživanja, 29(1), 118–130. https://doi.org/10.1080/1331677X.2016.1163946

13. Baxter, S. Campbell, S. Sanderson, K. Cazaly, C. Venn, A. Owen, C. Palmer, A. J. (2015) Development of the Workplace Health Savings Calculator: a practical tool to measure economic impact from reduced absenteeism and staff turnover in workplace health promotion. BMC research notes, 8, 457. https://doi.org/10.1186/s13104-015-1402-7

14. Bebbington, J. (2007) Accounting for Sustainable Development Performance. Elsevier.

15. Bjurström, E. (2007) Creating new attention in management control. Doktorsavhandling, Uppsala universitet.

16. Bjurström, E. (2012) Minding the Context of Mindfulness in Quality Management, International Journal of Quality and Reliability Management, 29(6), 699-713.

17. Johnson, H.T. (1992) Relevance Regained – from Top-Down Control to Bottom-Up Empowerment, Free Press, New York.

18. Blair, M. & Wallman, S. (2001) Unseen Wealth, Brookings Institution.

19. Blennberger, E. (2009) Chefen och etiken, i Hans De Geer och Claes Trollestad (red.) Etik i arbetsliv och affärer, Stockholm: SNS Förlag.

20. Boisot Esade, M. & McKlevey, B. (2010) Integrating modernist and postmodernist perspectives on organizations: A complexity science bridge. Academy of Management Review, 35(3), 415–433.

21. Bowen, H.R. (1953) *Social Responsibilities of the Businessman.* New York: Harper and Brothers.

22. Bowie, N. (1999) A Kantian Approach to Business Ethics, i F. Robert (Ed.) A *Companion to Business Ethics*, Oxford: Blackwell.

23. Brand-Correa, L. Brook, A. Büchs, M. Meier, P. Naik, Y. O'Neill, D.W. (2022). Economics for people and planet-moving beyond the neoclassical paradigm. The Lancet. Planetary health, 6(4), e371–e379. https://doi.org/10.1016/S2542-5196(22)00063-8

24. Brand-Correa, L.I. & Steinberger, J.K. (2017). A Framework for Decoupling Human Need Satisfaction from Energy Use. Ecological Economics, 141, 43-52.

25. Broadbent, J. & Laughlin R. (2009) Performance management systems: A conceptual model. Management Accounting Research, 20, 283-295.
26. Brown, J. & Frame, B. (2005) Democracy, Sustainability and Accounting Technologies: The Potential of Dialogic Accounting PDF, School of Accounting and Commercial Law, Victoria University of Wellington
27. Brytting, T. (1998) Företagsetik, Malmö: Liber Ekonomi.
28. Brytting, T. (2009) Den bedrägliga tilliten. Om direktörer som bedrar och om organisationer som gör det möjligt, i Hans De Geer och Claes Trollestad (red.) Etik i arbetsliv och affärer, Stockholm: SNS Förlag.
29. Borglund, T. De Geer, H. Sweet, S. (2012) Corporate Social Responsibility. Sanoma Utbildning.
30. Boudreau, J.W. (1991) Utility analysis for decisions in human resource management. In M. D. Dunnette & L. M. Hough (Eds.), Handbook of industrial and organizational psychology (2nd ed., pp. 621–745). Consulting Psychologists Press.
31. Bukh, P.N. & Johanson, U. (2003) Research and knowledge interaction: Guidelines for intellectual capital reporting. Journal of Intellectual capital, 4 (4), 576-588.
32. Burgess, M.G. Brough, P. Biggs, A. Hawkes, A. J. (2020) Why interventions fail: A systematic review of occupational health psychology interventions. International Journal of Stress Management, 27(2), 195–207. doi: https://doi.org/10.1037/str0000144
33. Canarp, R. (1966), Philosophical Foundations of Physics: An Introduction to the Philosophy of Science, New York: Basic Books.
34. Cancelliere, C. Cassidy, J.D. Ammendolia, C. Côté, P. (2011) Are workplace health promotion programs effective at improving presenteeism in workers? A systematic review and best evidence synthesis of the literature. BMC public health, 11, 395. https://doi.org/10.1186/1471-2458-11-395

35. Carlberg, I. (2023) Marionetterna- en berättelse om världen som politisk teater. Norstedts
36. Cascio, W.F. (1991) Costing Human Resources: The financial impact of behaviour in organisations. Boston, Mass: PWS-Kent Pub. Co.
37. Christiansen, P. (1999) Namdalens historie 1600-1837. Namdal historielag. Namsos.
38. Doganova, L. & Eyquem-Renault, M. (2009) What do business models do? Innovation devices in technology entrepreneurship. Research Policy. 38, 1559–1570.
39. Dahan, N. Doh, J. Oetzel, J. Yaziji, M. (2010) Corporate NGO Collaboration: Co-Creating New Business Models for Developing Markets. Long Range Planning 43 (2-3), 326e342.
40. Donaldson, L. (2008) Ethics problems and problems with ethics: toward a promanagement theory. Journal of Business Ethics, 78: 299-311
41. Eklund, J. (1992) Ergonomi och kvalitet i monteringsarbete. rapport nr LiTh-IKP-R-692, Linköpings tekniska högskola.
42. Edmans, A. (2012) The Link Between Job Satisfaction and Firm Value, with Implications for Corporate Social Responsibility. Academy of Management Perspectives 26(4), 1-19.
43. Dalai, L. (2000) Etik för ett nytt millenium. Egmont Richter AB.
44. Englund, G. (2006) Så tänkte de. Essäer om det forntida Egypten. Carlssons
45. Englund, T. (2006) Deliberative communication: a pragmatist proposal. Journal of Curriculum Studies, 38, 503-520.
46. Engquist, P.O. (1978) Musikanternas uttåg. Norstedts
47. Ernby, B. (2008) Norstedts etymologiska ordbok. Stockholm: Norstedts Akademiska.
48. Evans-Lacko, S. & Knapp, M. (2016) Global patterns of workplace productivity for people with depression: absenteeism and presenteeism costs across eight diverse countries. Soc Psychiatry Psychiatr Epidemiol, 51, 1525–1537.

49. Falkenström, E. (2009) Etikens mänskliga grund. Om den känslomässiga mognadens betydelse för etiskt ansvar, i Hans De Geer och Claes Trollestad (red.) *Etik i arbetsliv och affärer*, Stockholm: SNS Förlag.
50. Ferreira, A. & Otley D. (2009) The design and use of performance management systems: An extended framework for analysis. Management Accounting Research, 20, 263-282.
51. Flamholtz, E.G. (1985) Human Resource Accounting: Advances in Concepts, Methods, and Applications, Jossey-Bass, San Francisco.
52. Flamholtz, E.G. Johanson, U. Roslender, R. (2020) Reflections on the progress in accounting for people and some observations on the prospects for a more successful future. Accounting, Auditing & Accountability Journal, 33(8), 1791-1813.
53. Foley, M. Silverstein, B. Polissar, N. Neradilek, B. (2009) Impact of implementing the Washington State ergonomics rule on employer reported risk factors and hazard reduction activity. American journal of industrial medicine, 52(1), 1–16. https://doi.org/10.1002/ajim.20650
54. Foldspang, L. Mark, M. Rants, L.L. Hjorth, L.R. Langholz-Carstensen, C. Poulsen, O. M. Johansson, U. Ahonen, G. Aasnæss, S. (2014) Working environment and productivity: A register-based analysis of Nordic enterprises. Denmark: Nordic Council of Ministers: TemaNord 2014:546.
55. Fredriksson, G. (1993) Wittgenstein. Bonniers.
56. Freeman, R.E. (1984) Strategic Management: A stakeholder approach. Boston: Pitman Publishing.
57. Frey, B. & Buhofer, H. (1986) A market for men, or: there is no such thing as a free lunch. Journal of Institutional and Theoretical Economics 142 (4):739-744
58. Friedman, M. (1970), The social responsibility of business is to increase its profits. *New* York Times Magazine, 13 sept., s.122–126.
59. Froom, E. (1968) Hoppets revolution. Rabén och Sjögren.
60. Fromm, E. (1955) Ett friskare samhälle. Tidens förlag

61. Fromm, E. (1976) To have or to be. Harper & Brothers Publishers, New York.
62. Fromm, E. (1959) Ett friskare samhälle. Tidens förlag
63. Fryer, M. (2014), *Ethics theory & business practice*. London: Sage.
64. Frick, K. & Johanson, U. (2013) Systematiskt arbetsmiljöarbete: - syfte och inriktning, hinder och möjligheter i verksamhetsstyrningen: En analys av svenska fallstudier. Rapport 2013:11. Stockholm: Arbetsmiljöverket.
65. Aurélie, G. Hélène, S-T, Chantal, S. Marie-José, D. (2020) Economic evaluations of mental health interventions: A systematic review of interventions with work-focused components, Safety Science,132, https://doi.org/10.1016/j.ssci.2020.104982.
66. Goetzel, R.Z. Henke, R.M., Tabrizi, M., Pelletier, K.R., Loeppke, R. Ballard, D.W. Grossmeier, J., Anderson, D.R., Yach, D., Kelly, R.K., McCalister, T. Serxner, S., Selecky, C. Shallenberger, L.G. Fries, J.F. Baase, C. Isaac, F. Crighton, K.A. Wald, P. Exum, E., ... Metz, R.D. (2014) Do workplace health promotion (wellness) programs work?. Journal of occupational and environmental medicine, 56(9), 927–934. https://doi.org/10.1097/JOM.0000000000000276
67. Goetzel, R.Z. Tabrizi, M. Henke, R.M. Benevent, R. Brockbank, C.V. Stinson, K. Trotter, M. Newman, L.S. (2014) Estimating the return on investment from a health risk management program offered to small Colorado-based employers. Journal of occupational and environmental medicine, 56(5), 554–560. https://doi.org/10.1097/JOM.0000000000000152
68. Goggins, R.W. Spielholz, P. Nothstein, G.L. (2008) Estimating the effectiveness of ergonomics interventions through case studies: implications for predictive cost-benefit analysis. Journal of safety research, 39(3), 339–344. https://doi.org/10.1016/j.jsr.2007.12.006
69. Gray, R., Kouhy, R. Lavers, S. (1995) Corporate Social Reporting and Environmental management. Accounting, Auditing and Accountability Management, 8(2), 47-77.

70. Grimani, A. Bergström, G. Casallas, M.I.R. Aboagye, E. Jensen, I. Lohela-Karlsson, M. (2018). Economic Evaluation of Occupational Safety and Health Interventions from the Employer Perspective: A Systematic Review. Journal of occupational and environmental medicine, 60(2), 147–166.
https://doi.org/10.1097/JOM.0000000000001224

71. Gröjer, J.-E. & Stark A. (1978) *Social redovisning*. Doktorsavhandling. Stockholm: Stockholms universitet.

72. Gröjer, J.E. & Johanson, U. (1984) *Resultatorienterad PA.* Liber

73. Guillet de Monthoux, P. (1983) Läran om företaget. Norstedts.

74. Guillet de Monthoux, P. (1987) Läran om penningen. Om penningens makt och maktens penning. Från Knapp till Friedman. Norstedts

75. Gustavsson, C. (1988) Om företag, moral och handling. Studentliiteratur.

76. Gustafsson, K. & Marklund, S. (2011) Consequences of sickness presence and sickness absence on health and work ability: a Swedish prospective cohort study. International journal of occupational medicine and environmental health, 24(2), 153–165. https://doi.org/10.2478/s13382-011-0013-3

77. Gårdlund, T. (1951) *Mo och Domsjö intill 1940. Den ekonomiska utvecklingen.* Almqvist och Wiksell.

78. Gårdlund, T. (1985) *MoDo 1040 – 1985.* MoDos informationsavdelning.

79. Hansson, S. & Nilsson, S.Å. (1999) *Produktkalkylering.* Liber.

80. Heinrich, H.W. & Petersen, D. (1980) *Industrial action prevention.* McGras-Hill book company. USA.

81. Henningsson, J. (2009), Fund managers as cultured observers. *Qualitative Research in Financial Markets, 1(1),* s. 27–45.

82. Henningsson, J., Johanson, U. Almqvist, R. (2015) Fund manager trust and information complexity. *Journal of Qualitative Research in Financial Markets* 7(4):346-362.

83. Henningsson, J & Johanson, U. (2020) *Den klimatblinda finanskulturen.* Studentlitteratur

84. Herner, B. Holmdahl, H. L. Nilsson. (1985) Hälso- och sjukvårdsdirektionen i Varberg. Halmstad: Bull.
85. Hermansson, R. (1964) Accounting for human assets. Occasional paper No 14. Michigan: Michigan State University.
86. Hofstede, G. (1978) The poverty of management control philosophy. *Academy of Management Review,* 3, 450-461.
87. Hopwood, A. (1974) *Accounting and human behavior.* Haymarket Publishing
88. Hägglund, M. (2020) *Vårt enda liv. Sekulär tro och andlig frihet.* Volante.
89. Iaffaldano, M.T. and Muchinsky, P.M. (1985) Job Satisfaction and Job Performance: A Meta-Analysis. Psychological Bulletin, 97, 251-273. http://dx.doi.org/10.1037/0033-2909.97.2.251
90. Jain, A., Leka, S., Zwetsloot, G.I.J.M. (2018) Approaches to Managing Health, Safety and Well-Being. In: Managing Health, Safety and Well-Being. Aligning Perspectives on Health, Safety and Well-Being. Springer, Dordrecht. https://doi.org/10.1007/978-94-024-1261-1_2
91. Jensen, M.C. & Meckling, W.H. (1976) Theory of the firm: Managerial behavior, agency costs and ownership structure. *Journal of Financial Economics*, *3*, s. 305–360.
92. Johannisson, K. (1988) Statistik som samhällsdröm i 1700-talets Europa. Arlöv: Nordstedts förlag.
93. Johansen, V. Aronsson, G. Marklund, S. (2014) Positive and negative reasons for sickness presenteeism in Norway and Sweden: a cross-sectional survey. BMJ Open;4: e004123.
94. Johanson, U. (1987) Utveckla det mänskliga kapitalet. Stockholm: Sveriges personaladministrativa förening
95. Johanson, U. & Nilson, M. (1990) *Personalekonomiska beräkningar och beslutsfattande.* Personnel Economics Institute report no 90:2, School of Business, Stockholm University.
96. Johanson, U. (1992) Personalekonomiska beräkningar – påverkar de? Personnel Economics Institute report no 92:1B, School of Business, Stockholm University.

97. Johanson, U. & Nilson, M. (1995) Personalekonomi och organisatoriskt lärande. Personalekonomiska Institutet rapport nr 95:1, School of Business, Stockholms universitet

98. Johanson, U. (1997) The profitability of investments in work life-oriented rehabilitation: A measurement of perceptions. Personnel Review, 26, 395-415.

99. Johanson, U. & Mabon, H. (1998) The Personnel Economics Institute after ten years: What has been achieved and where are we going? Journal of Human Resource Costing and Accounting Volume 3(2), 65-76.

100. Johanson, U. (1999) Why the Concept of Human Resource Costing and Accounting does not work. Personnel Review, 28, 91-107.

101. Johanson, U. Mårtensson M. Skoog, M. (2001) Mobilising change by means of the management control of intangibles. Accounting, Organisation and Society, 26, 715-733.

102. Johanson. U. (2003) Why are capital market actors ambivalent to information about certain indicators on intellectual capital? *Accounting, Auditing and Accountability Journal*, 16, (1), 31-39.

103. Johanson, U. & Backlund, A. (2003) Can health be subject to management control? Suggestions and experiences. I*n Stress in health and disease*. Eds.; Bengt B. Arnetz och Rolf Ekman, Wiley, pp 141-162.

104. Johanson, U. & Cederqvist, S. (2005) Mödans väg till hälsobokslut i kommunen. Rapport till Industridepartementet.

105. Johanson, U. & Mårtensson, M. (2006) Hälsobokslutsparadoxen. In *Hälsans styrning av arbetet*. M.

106. Johanson, U. Skoog, M. Almqvist, R. and Backlund, A. (2006) Balancing dilemmas of the balanced scorecard. *Accounting, Auditing & Accountability Journal*, 19(5), 842-857.

107. Johanson, U. & Skoog, M. (2007) *Verksamhetsstyrning*. Liber.

108.   Johanson, U. & Skoog, M. (2015) *Integrerad verksamhetsstyrning – för förändring, förbättring och utveckling.* Studentlitteratur.

109.   Johanson, U. & Aboagye, E. (2020) *Bättre arbetsplatshälsa på arbetsplatsen. Om arbetsmiljöekonomi, produktivitet, och arbetsmiljöstyrning.* Liber

110.   Johanson, U. Aboagye, E. Yao, J. (2022) Integrating business model for sustainability and performance management to promote occupational health and safety - a discussion of value. *Frontiers in Sustainability section Sustainable Organizations.* https://doi.org/10.3389/frsus.2022.950847

111.   Johanson, U. & Aboagye, E. (2020) Financial Gains, Possibilities, and Limitations of Improving Occupational Health at the Company Level. In: Theorell, T. (eds) Handbook of Socioeconomic Determinants of Occupational Health. Handbook Series in Occupational Health Sciences. Springer, Cham. https://doi.org/10.1007/978-3-030-05031-3_23-1

112.   Johanson, U. Almqvist, R. Skoog, M. (2019) A conceptual framework for integrated performance management systems. Journal of Public Budgeting, Accounting & Financial Management, 31(3), 309-324.

113.   Johanson, U. & Johrén, A. (2017) *Personalekonomi idag*, 3rd ed. Liber

114.   Johanson, U. & Koga, C. (2014) Intellectual Capital in Japan: Governmental Guidelines, Financial market Perceptions and Company Practise. Chapter 10 in *Intellectual Capital in Organizations: Non-Financial Reports and Accounts.* Eds Ordónez de Pablos, P. and Edvinsson, L. Routledge.

115.   Johnson, T. & Kaplan, R. (1991) *Relevance Lost: The Rise and Fall of Management Accounting.* Harvard Business Review Press.

116.   Johnson, M.W. Christensen, C.M. Kagermann, H. (2008) Reinventing Your Business Model. Harvard Business Review, 86 (12), 50-59.

117.   Kaplan, R.S. & Johnson, H.T. (1987) *Relevance Lost: The Rise och Fall of Management Accounting.* Boston, MA: Harvard Business School Press.

118.   Kaplan, R.S. & Norton, D.P. (1992) The Balanced Scorecard – Measures that Drive Performance. *Harvard Business Review,* 70(1), 71-79.

119.   Kaptein, M. (2017) The battle for business ethics: a struggle theory. Journal of Business Ethics, 144(2): 343-361.

120.   Karasek, R.A. & Theorell, T. (1990) Healthy Work: Stress, Productivity and the Reconstructions of Work Life. New York: Basic Books.

121.   Karanika-Murray, M. Biron, C. Saksvik, P.Ø. (2016). Organizational Health Interventions: Advances in Evaluation Methodology. Stress and health: journal of the International Society for the Investigation of Stress, 32(4), 255–257. https://doi.org/10.1002/smi.2708

122.   Kemp, P. (1991) Det oersättliga. En teknologietik. Symposion.

123.   Komlos, J. (2019) Foundations of Real-World Economics. 2nd edition, Abingdon-on-Thames, UK: Routledge.

124.   Lange, S. & Vollmer, S. (2017) The effect of economic development on population health: a review of the empirical evidence. British Medical Bulletine, nr 121, s47 – 60.

125.   Larsson, T.J. Mather, E. Dell, G. (2007) To Influence Corporate OH&S Performance Through the Financial Market. International Journal of Risk Assessment and Management, 7(2), s 263–271.

126.   Leigh, J.P. Markowitz, S.B. Fahs, M. Shin, C. Landrigan, P.J. (1997) Occupational injury and illness in the United States. Estimates of costs, morbidity, and mortality. Archives of internal medicine, 157(14), 1557–1568.

127.   Leino, T. Turunen, J. K. A. Pehkonen, I. Juvonen-Posti, P. (2023) Important collaborative conditions for successful economic outcomes of work disability management: A mixed methods

multiple case study. WORK, 74(2), 685-697.
https://doi.org/10.3233/WOR-210026

128.   Lerner, D., Rodday, A.M., Cohen, J.T. Rogers, W.H. (2013)
A systematic review of the evidence concerning the economic
impact of employee-focused health promotion and wellness
programs. Journal of occupational and environmental medicine,
55(2), 209–222. https://doi.org/10.1097/JOM.0b013e3182728d3c

129.   Liedman, S-E. (1997) I skuggan av framtiden. Modernitetens
historia. Bonnier Alba.

130.   Liedman, S-E. (2001) Ett oändligt äventyr. Albert Bonniers
förlag.

131.   Liedman, S-E. (2024) Tidens smala näs. Tankar i en
vilsegången tid. Albert Bonniers förlag.

132.   Lindberg, S. (2024) Demokratins fall? Amnesty Press.

133.   Lohaus, D. & Habermann, W. (2019) Presenteeism: A review
and research directions. Human Resource Management Review,
29(1), 43–58. https://doi.org/10.1016/j.hrmr.2018.02.010

134.   Lutz, M.A. (1999) Economics for the Common Good. Two
Centuries of Economic Thought in the Humanist Tradition. New
York: Routledge

135.   Malmi, T. & Brown, D. (2008) Management control systems
as a package— Opportunities, challenges and research directions.
Management Accounting Research, 19(4): 287–300

136.   March, J. & Sevon, G. (1988) Behavioral perspectives on
theories of the firm. I Handbokk of Economic Psychology. Red Van
raiaij, van Veldhoven, Wärneryd. Kluwer Academic Publishers.

137.   Meynert, L. (1974) Företagets organisation och utveckling.
Göteborg, Esselte studium (Akademiförlaget).

138.   Martins, L.L. Rindova, V.P. Greenbaum, B.E. (2015)
Unlocking the Hidden Value of Concepts: A Cognitive Approach to
Business Model Innovation. In *Strategic Entrepreneurship Journal,
9*, 99–117.

139.   Meritum (2002) *Guidelines for managing and reporting on intangibles. Eds; Canibano, L. and Sanches, P. Fundación Airtel Móvil*

140.   Meyer, J.W. & Rowan, B. (1977) Institutionalized organizations: Formal structure as myth and ceremony. American journal of sociology, 83(2), 340-363.

141.   Miller, P. (2003) "Governing the enterprise – the hidden face of accounting", in Porter, T.M. and Ross, D. (Eds), *The Cambridge History of Science*, Vol. 7, Cambridge University Press, Cambridge.

142.   Miraglia, M. & Johns, G. (2016) Going to work ill: A meta-analysis of the correlates of presenteeism and a dual-path model. *Journal of occupational health psychology*, *21*(3), 261–283. https://doi.org/10.1037/ocp0000015

143.   Mouritsen, J. Larsen, H.T. Bukh, P.N.D. (2001) Intellectual capital and the 'capable firm': narrating, visualising and numbering for managing knowledge. *Accounting, Organizations and Society*, 26, s.735-762.

144.   Murray N. The Development of a Theoretical Framework for the Management and Promotion of Employee Wellbeing within Large UK-Based Organisations. Doctoral thesis 2019. Awarding institution: University of Dundee.

145.   Mutiganda, J.C. Wiitavaara, B. Heiden, M. Svensson, S. Fagerström, A. Bergström, G. Aboagye, E. (2022) A systematic review of the research on telework and organizational economic performance indicators. *Frontiers in psychology*, *13*, 1035310. https://doi.org/10.3389/fpsyg.2022.1035310

146.   Nagata T et al. (2014) Development of Cost Estimation Tools for Total Occupational Safety and Health Activities and Occupational Health Services: Cost Estimation from a Corporate Perspective, Journal of Occupational Health, 56(3), 215–224, https://doi.org/10.1539/joh.13-0277-FS

147.   Noland, J. & Philips, R. (2010) Stakeholder Engagement, Discourse Ethics and Strategic Management. Wiley

148.   Nelson, R.R. & Winter, S.G. (1982) *An Evolutionary Theory of Economic Change.* Harvard University Press.

149.   Nielsen, C. Lund, M. Montemari, M. Paolone, F. Massaro, M. Dumay, J. (2018) Business Models: A Research Overview (1st ed.). Routledge. https://doi.org/10.4324/9781351232272

150.   Niven, K. & Ciborowska, N. (2015) The hidden dangers of attending work while unwell: A survey study of presenteeism among pharmacists. International Journal of Stress Management, 22(2), 207–221. https://doi.org/10.1037/a0039131

151.   Nonaka, I. and Nishiguchi, T. (2001) *Knowledge emergence – Social, Technical, and Evolutionary Dimensions of Knowledge Creation.* Oxford University Press.

152.   Nonaka, I. & Toyama, R. (2005) The theory of the knowledge-creating firm: subjectivity, objectivity and synthesis, Industrial and Corporate change, Volume 14, Number 3, pp. 419–436.

153.   Nordström, G. (1993) Mo och Domsjö AB och arbetareorganisationerna intill 1940. Frans Kempes personalpolitiska program och Domsjö arbetareförening. Uppsala papers in economic history. Research report no 31.

154.   Novak, A. (2014) Business Model Literature Overview. Financial Reporting. Doi: 10.3280/FR2014-001004.

155.   Ofstad, H. (1983) *Moralfilosofi.* Akademilitteratur.

156.   Olve, N.G. Roy, J. Wetter, M. (1997) BSC i svensk praktik. Liber Ekonomi, Malmö.

157.   Omoloso, O. Mortimer, K. Wise, R. (2023) The influence of sustainability drivers on the implementation of social sustainability practices in the leather industry. *Cleaner Production Letters.*

158.   Oude Hengel, K.M. Bosmans, J.E. Van Dongen, J.M. Bongers, P.M. Van der Beek, A. J. Blatter, B.M. (2014) Prevention program at construction worksites aimed at improving health and work ability is cost-saving to the employer: results from an RCT. American journal of industrial medicine, 57(1), 56–68. https://doi.org/10.1002/ajim.22267

159.   Osterwalder, A. & Pigneur, Y. (2010) Business Model Generation: A Handbook for Visionaries, Game Changers, and Challengers. Wiley, New Jersey.

160.   Osterwalder, A. Pigneur, Y. Tucci, C.L. (2005) Clarifying Business Models: Origins, Present, and Future of the Concept. Communications of the Association for Information Systems, 16, 1-25.

161.   Ødegaard, F. & Roos, P. (2012) Measuring workers' health and psychosocial work-environment on firm productivity. Uppsala: The Institute for Evaluation of Labour Market and Education Policy (IFAU): WORKING PAPER 2012:17.

162.   Palazzo, G., Krings, F. Hoffrage, U. (2012) Ethical blindness. Journal of Business Ethics,109(3), 323-338

163.   Patti, P.P. (2014) Measuring ROI in a Work-at-Home Program: Family Mutual Health and Life Insurance Company (FMI). Beverly, MA: Scrivener Publishing LLC.

164.   Podgórski, D. (2015) Measuring operational performance of OSH management system – A demonstration of AHP-based selection of leading key performance indicators. *Safety Science, 73,* 146-166.

165.   Pohling, R. Buruck, G. Jungbauer, K.-L. Leiter, M.P. (2016) Work-related factors of presenteeism: The mediating role of mental and physical health. Journal of Occupational Health Psychology, 21(2), 220–234. https://doi.org/10.1037/a0039670

166.   Power, M. (1997) *The Audit Society - Rituals of Verification.* UK Oxford University Press.

167.   Power, M. & Laughlin, R. (1992) Critical Theory and Accounting. In *Critical Management Studies,* eds. M. Alvesson & H. Willmott. London: Sage

168.   Pålsson Syll, L. (1998) De ekonomiska teoriernas historia. 2a upplagan. Studentlitteratur.

169.   Ruhle, S. A. Breitsohl, H. Aboagye, E. Baba, V. Biron, C. Correia Leal, C., … Yang, T. (2019) "To work, or not to work, that is the question" – Recent trends and avenues for research on

presenteeism. European Journal of Work and Organizational Psychology, 29(3), 344–363. https://doi.org/10.1080/1359432X.2019.1704734

170.   Romberg, A. (2021) Is it not just common sense and to "do the right thing"? Exploring the implementation of ethics and compliance programs in a Nordic cont.ex.t. Åbo Akademi

171.   Rose, N. (1999) *Powers of freedom. Reframing political thought.* Cambridge University Press.

172.   Rose L.M. Orrenius U.E. Neumann W.P. (2013) Work Environment and the Bottom Line: Survey of Tools Relating Work Environment to Business Results. Human Factors and Ergonomics in Manufacturing, 23(5), 368-381.

173.   Runciman, D. (2024) *The history of ideas.* Profil books

174.   Russo, S. Ronchetti, M. Di Tecco, C. Valenti, A. Jain, A. Mennini, F.S. Leka, S. & Iavicoli, S. (2021) Developing a cost-estimation model for work-related stress: An absence-based estimation using data from two Italian case studies. Scandinavian journal of work, environment & health, 47(4), 318–327. https://doi.org/10.5271/sjweh.3948

175.   Samuelsson, L.A. (2008) *Ekonomistyrning, en översikt.* I Controllerhandboken. Red Olve, N.G. och Samuelsson, L.A. Liber

176.   Schaltegger, S. & Burritt, R. (2018) Business cases and corporate engagement with sustainability: Differentiating ethical motivations. *Journal of Business Ethics, 147,* 241-259.

177.   Schoenmaker, D. & Schramade, W. (2020) Principles of Sustainable Finance. Oxford University Press.

178.   Schultz, T.W. (1961) Investment in Human Capital. The American Economic Review, 51(1), 1–17. http://www.jstor.org/stable/1818907

179.   Schumpeter, J. (1994) *History of Economic Analysis.* Oxford University Press, New York.

180.   Scott, R.W. (1992) *Organizations — Rational, Natural and Open Systems.* Prentice-Hall International, Inc.

181.   Seelos, C. & Mair, J. (2007) Profitable business models and market creation in the context of deep poverty: A strategic view. Academy of Management Perspectives, 21(4), 49–63.

182.   Selznick, P. (1957) *Leadership in Administration*. Harper and Row, New York.

183.   Sen, A. (1995/2001) *Etik och ekonomi*, Stockholm: SNS Förlag.

184.   Simons, R. (1995) *Levers of control–How managers use innovative control systems to drive strategic renewal*. HBS press. Boston.

185.   Sjöblom, A. (2010) *Hälsobokslut, en drivkraft för förändrad verksamhetsstyrning*? Företagsekonomi, Mälardalens högskola, Västerås.

186.   Sinelnikov, S. Inouye, J. Kerper, S. (2015) Using leading indicators to measure occupational health and safety performance. *Safety Science,* 72, 240-248.

187.   Song, Z. & Baicker, K. (2019) Effect of a Workplace Wellness Program on Employee Health and Economic Outcomes: A Randomized Clinical Trial. JAMA, 321(15), 1491–1501. https://doi.org/10.1001/jama.2019.3307

188.   Stansbury, J. & Barry, B. (2007) *Ethics programs and the paradox of control. Business ethics quarterly.* No 17 (2), 239-261.

189.   Stubbs, W. & Cocklin, C. (2008) Conceptualizing a "sustainability business model". *Organization & Environment, 21,* 103-127.

190.   Strömberg, C. Aboagye, E. Hagberg, J. Bergström, G. & Lohela-Karlsson, M. (2017) Estimating the Effect and Economic Impact of Absenteeism, Presenteeism, and Work Environment-Related Problems on Reductions in Productivity from a Managerial Perspective. Value in health: the journal of the international Society for Pharmacoeconomics and Outcomes Research, 20(8), 1058–1064. https://doi.org/10.1016/j.jval.2017.05.008

191.   Söderbaum, P. (2008) Actors, Agendas, Arenas and Institutional Change Processes: A Social Science Approach to Sustainability. Sage Journals, 19(2-3)

192.   Tappura, S. Sievänen, M. Heikkilä, J. Jussila, A. Nenonen, N. (2015) A management accounting perspective on safety, *Safety Science*, vol 71, part B, pp 151–159.

193.   Trollestad, C. (2009) Moralisk stumhet. Om goda företags tystnad, i Hans De Geer och Claes Trollestad (red.) *Etik i arbetsliv och affärer*, Stockholm: SNS Förlag.

194.   Unsal, N. Weaver, G. Bray, J. Bibeau, D. (2021) A Scoping Review of Economic Evaluations of Workplace Wellness Programs. Public health reports (Washington, D.C.: 1974), 136(6), 671–684. https://doi.org/10.1177/0033354920976557

195.   Uegaki, K., de Bruijne, M.C. Anema, J.R. van der Beek, A.J. van Tulder, M.W., & van Mechelen, W. (2007) Consensus-based findings and recommendations for estimating the costs of health-related productivity loss from a company's perspective. Scandinavian journal of work, environment & health, 33(2), 122–130. https://doi.org/10.5271/sjweh.1115

196.   Wallin, E. (1980) *Vardagslivets generative grammatik – vid gränsen mellan natur och kultur.* Liber läromedel/Gleerup.

197.   Weick, K. & Swieringa, R. (1987) Management Accounting and Action. *Accounting, Organisations and Society*, Vol 12, No 3, pp 293-308.

198.   Wikforss, Å. (2023) *Filosofiska klarlägganden I en grumlig tid.* Fri Tanke.

199.   Wirtz, B. (2011) Business Model Management Design, Instruments, Success Factors, Gabler, Wiesbaden.

200.   Wulf, A. (2024) *Fantastiska rebeller. De fösta romanstikerna.* Albert Bonniers förlag.

201.   Veltri, A. Pagell, M. Johnston, D.A. Tompa, E., Robson, L.S. Amick, B.C. Hogg-Johnson, S., & Macdonald, S. (2013) Understanding safety in the context of business operations: An exploratory study using case studies. Safety Science, 55, 119-134.

202.   Vohlleben, P. (2016) Trädens hemliga liv. Norsteds

203.   Volmer, H. Mennicken, A. Preda, A. (2009) Institutionalized Organizations: Formal Structure as Myth and Ceremony. *Accounting, Organisation and Society.* No 34, pp 619-637.

204.   van Helden, J. & Reichard, C. (2016) Commonalities and differences in public and private sector performance management practices: a literature review. In M. Epstein, F. Verbeeten, & S. Widener (Eds.), *Performance measurement and management control: contemporary issues* (pp. 309-352). (Studies in Managerial and Financial Accounting; Vol. 31). Emerald Group Publishing Limited. https://doi.org/10.1108/S1479-351220160000031010

205.   Von Wright, G.H. (1986) *Vetenskapen och förnuftet.* Tryckeri och Tidnings AB. Borgå

206.   Västerbro, M. (2018) *Svälten. Hungeråren som formade Sverige.* Albert Bonniers förlag.

207.   Yao, J. & Johanson, U. (2022) A Review of Government-led Health and Productivity. Management and Disclosure Practice in Japan. *Frontiers in Sustainability, section Sustainable Organizations.* https://doi.org/10.3389/frsus.2022.939316

208.   Zwetsloot, G. & Pot, F. (2004) The business value of health management. *Journal of business ethics* (55) 2 sid 115-124

© 2025 Emmanuel Aboagye

Förlag: BoD · Books on Demand, Östermalmstorg 1,
114 42 Stockholm, bod@bod.se
Tryck: Libri Plureos GmbH, Friedensallee 273,
22763 Hamburg, Tyskland
ISBN: 978-91-8080-074-7